企业健康

转机和转型的 101 个原则

邓耀兴 博士

企业健康咨询中心有限公司 2006 年发行

Markono 印刷媒体公司于新加坡印刷

9 8 7 6 5 4 3 2
09

ISBN   981-05-5220-3

企业健康：转机和转型的 101 个原则

控制

阶段 3：治疗

执行

专注

技巧

重组

规模合理化

作者简介

邓耀兴博士曾著有《企业转亏为盈：护理生病公司康复》（Corporate Turnaround: Nursing a sick company back to health），由 Prentice Hall 在 2002 年出版发行英文原版。该书也被翻译成印尼文。其英文版曾一度成为当时最畅销的书籍之一。

邓博士曾多次就企业转机和转型课题被国家媒体采访。他被包括如《老板》杂志、《经济通报》、《今日》报、《世界经理人文摘》、《联合早报》、StarBiz、Singapore Edge、《海峡时报》等刊物报章公认为亚洲的转机总裁。

邓博士于 2004 年七月加盟英华美控股有限公司（IHL），任职执行总裁。这是一间新加坡上市公司，在全球 50 多个国家和地区拥有 300 个教学中心。他在当时披挂上阵是为了带领这间教育服务机构走出财政困境。

在此之前，邓博士也曾就任西氏医药服务公司（WPS）的常任董事几近十年。该公司是一间美国跨国公司在新加坡的子公司。在他的领导下，公司取得了迅速的成长。

在任职西氏之前的岁月里，邓博士曾先后担任新加坡锦泰公司（Scott and English）以及基地在澳大利亚的沃莫尔德国际公司（Wormald International）的执行总裁。在他任内的第一年，就以高超的手段成功将这两家公司转亏为盈，展示了他在企业转机方面过人的见识和天赋。

此外，邓博士还在 2004 年初担任新加坡裕廊工程有限公司（上市公司）的顾问，指导该公司的重组过程。他也曾参加过新加坡理工学院和新加坡国立大学的咨询顾问委员会。他在亚太地区的企业转机、策略规划以及运作责任上拥有超过 25 年的丰富经验。

邓博士在 2000 年——2004 年曾担任新加坡市场协会（MIS）主席。该协会是一个代表着在新加坡大约 5 千名个人和企业成员的国家团体。邓博士在南澳大学荣获经营管理学博士学位，在新加坡国立大学分别荣获工商管理硕士和机械工程学士学位。他也是新加坡专业工程师和英国特许市场营销协会（CIM）、欧洲特许管理协会（CMI）、美国机械工程师协会（IMechE）、英国电气工程师协会（IEE）的高级会员（Fellow Member）以及新加坡电脑学会（SCS）的资深会员（Senior Member）。

鸣谢

本书是结合了企业家和职业管理专家多年商业实践经验的产物。在此，我要对许多朋友和帮助过我的人表示衷心的感激，感谢他们非凡的见识，并与我分享企业转亏为盈那错综复杂的世界。

我要对我的爱妻维青表达深深的谢意，感谢她在校正本书时给予我极大的理解和帮助。本书也要献给我的两个孩子文彬和文惠，是他们在我查阅手稿感到消沉和厌倦时，为我加油，给我鼓舞。此外，我还要感谢许多其他在各方面促成本书面世的人。

最后我要感谢上帝赐予我撰写本书的灵感、洞察力和创意。所有荣耀都归于上帝。

作者的话

疾病、康复、休息、思想理念、幽默、活力、饮食、……这些用于身体健康方面的词汇和公司有什么关系？其实，它们用在企业健康的情况下也具有相同的意义。

随着 1997 年金融危机侵袭亚洲，财政丑闻祸害西方企业巨无霸以及中国和印度经济的崛起，企业转机变得日益重要。在有些情况下，即使生意正经历着市场份额滑坡、成本增加、失去竞争力和收入一落千丈等问题，但它们外表仍显得相对健康。于是，一个致命的危机就在酝酿着，并在利率上调或经济放缓的局势下随时可能发动袭击。

不幸的是，大多数陷入困境的公司不能在动荡不安的市场中幸存下来。一间跨国公司的平均预期寿命大约是 40 至 50 年。以此计算，许多公司还未成年就夭折了。一些公司因营业政策、自负和官僚主义扼杀了人的创造性、激情和承诺而感到健康不良。这些生病公司当中有许多遭受有毒的企业风气的危害，迫切需要解毒。而其它的则存在遗传缺陷，因而不能适应市场的变化。

我们已经为能够长生不老的灵丹妙药寻找了成百上千年。今天卫生保健行业是世界上成长最快的业务之一，而且预计在数年时间内它就会以几何级数的速度达到一百万亿元。医生本质上所扮演的角色应该是提倡健康胜于仅仅专注于在患者受到疾病的折磨之后才给予治疗。

公司也在追求同样的目标，即企业健康。企业健康在企业字典里正成为最主要和最有威力的术语之一。不幸的是，它也受到最大的误解。"企业健康"不仅仅是指企业执行人员的身体和精神健康计划。

本书运用"企业健康"一词的表达方式是为了描述卓越的企业身体和精神健康状况。而它也应该成为一个积极的广受欢迎的目标。"企业健康"是包括了身体、思想和灵魂在内的完美结合与全方位健康。企业在现实中所做的一切，包括它的策略、领导、思想理念、文化、价值等都会影响到它的健康。在这个背景下所说的"企业健康"一词就要包含现代医学和替代医学。现代医学或是西医追求治疗症状，如生产力低下。治疗方法是手术或是企业规模缩小化。替代医学或是东方医学治疗的是企业灾难的根源。造成生产力低下的根源可能是机能紊乱的企业文化。除了消除疾病的医学方法之外，《企业健康》一书还追求使企业健康水准达到一个更美好的新境地，比如，如何改善公司的态度、思想理念和灵魂。

本书采用广义上的"企业健康"，包括预防、诊断、治疗、康复和巩固五个阶段。企业健康的第一道天然防线是尽量避免问题发生（预防）。否则，当你感到不适时，最好对基础进行一次检查以便在局势进一步恶化前尽快确定问题所在（诊断）。一旦探知到问题的根源所在，你就要以正确的方法解决问题（治疗）。其后，你要尽力补偿损失（康复），并重获力量与健康，甚至进一步推动和巩固它们（巩固）。这些阶段可运用在企业转机和转型的环境下。

当一间公司陷入困境时，管理者没有时间去研读教科书或坐等"白衣骑士"的救援。时间是决定性的因素，因为这涉及到性命攸关的事情。转机的紧迫性经常取决于直觉和易于记住和实施的简单原则。《企业健康》是身处这种危难关头的公司中的经理和执行人员必读的一本书。书中的原则是专为易于阅读和记忆而精心梳理总结出来的。理解本书既不需要神经外科医生那大师级复杂的技巧，也不必具有广博的企业知识背景。

《企业健康》不是一本为企业转机和转型而写的普通教科书或普及读物。本书不是用老一套方法强迫读者通过挖掘大量素材来萃取其中的价值，而是试图先从原始材料中提取精华并将提取好的精华摆放在一只大盘子上以飨读者。

而且，对于那些学术界人士、学生和商业研究人员来说，本书为他们提供一种"爆米花"式的理解，展示在真实商业世界里如何以简明扼要的原则成功实施企业转机和转型。

《企业健康》由结合了具公司和企业家管理观点的从业人士所撰写。不象学术界人士那样，从业人士根据他们的经验而非理论来写作。他们展示了错综复杂的商业问题如何能够如此简单地得到理解、实施和解决。另外，他们结合了大半个世纪关于转机和转型的经验，浓缩成一套在追求企业健康的过程中可以左右成败的基本原则。

我们日常生活中存在着医学原理。同样的，在企业转亏为盈的过程中也存在着可以遵循的基本原则。公司由人所创，也因此要服从自然法则和原理。本书力图详细说明可保持企业良好健康状况的 101 条基本原则。这些原则的前提是基于常识和普通逻辑。

根据圣经，上帝在把十诫授予摩西让他的子民遵守时，那些诫律就以浅显易懂的原则书写而成，目的是方便人们遵守。这是因为上帝知道人只能理解简明扼要的术语。人们也认识到了解企业转机的最佳方法就是将它们简化成原则的形式以便读者们可以在努力实现转机和转型时自如运用这些原则。

导言

本书中引用大量的医学术语作为隐喻。因为我们相信人们对医学及健康状况的理解比对公司状况更为深刻和明白。隐喻，作为一种语言表达手法，通常用指某物的词或词组来指代他物，从而暗示它们之间的相似之处。这种手法应用在本书的好处是用一些熟悉的事物和不熟悉的事物对照起来解释一个共通的'公司健康'原则。这可以起到举一反三的效果。打个比方说，隐喻就象一座桥梁，把转机经理想要生病公司知道的和生病公司已经知道的连接起来。隐喻手法为我们拓展想象空间、创造敏锐的洞察力以及深化理解力提供机会，因而让我们从一个全新的角度去观察和行动。以医学角度隐喻公司状况来表述原则，可以让经理们更容易地从医学角度联想到公司的事宜及实施他们的诊断和补救措施。

公司和人有很多相似的地方。就像人一样，公司也会生病。公司会因为如经济放缓，竞争及不胜任的管理层等诸多因素而生病。疾病蕴含无限的商机，但是谁也不想去当或继续当病人。同样的，企业健康与否也是一宗大生意，因为在经济下滑或放缓时，生病公司总是比健康的公司多。不论公司或个人都希望自己的身体很棒。

保持你的身体健康非常重要。医生通常只治病而不治健康的人。健康的重要性开始被人们所认识使得个人保健市场日益扩大。制药业者对这点非常明白，因为用在手术和治疗上的药物毕竟只是暂时的需要而已。也就是说，用在调养和保健上的药品才是长期的。这就是为什么象降胆固醇药、抗抑郁剂和各种元素补充剂这类药品有很大的需求。有点让人吃惊的是互联网上对健康问题的研究简直多如牛毛。所以，制药公司的发展趋势会以保健市场为目标。

同样的，我们可以看到将会有许多公司把越来越多的注意力放在公司健康上。缩小企业规模和精简机构的做法延续了几十年，许多公司却发现自己的健康状况并没有显著地改善。职员的士气和忠诚度日益低落而公司则陷入必须不停地改组才能保持竞争力的恶性循环中。众多公司已经发现保持良好的健康对它们来说会更好，就象一个人不必经历生病来变得更好一样。

有切实可行的预防、诊断和治疗步骤可以用来诊治和恢复生病的公司，以及在这之后保持它们良好的健康状况。和对待个人健康一样，一间公司也要通过对五个阶段进行监控来保持长期良好的健康状况。这五个阶段是预防、早期诊断、正确治疗、恢复或复原以及强化或巩固健康。

影响公司健康的因素和影响人类健康的因素有很强的关联性。这些因素包括预备、"硬"和"软"的因素。预备性因素是指那些必须在一开始就要处理正确的事情。比如，要为个人和公司的健康制定计划以防疾病的攻击。此外，病人也需要"硬"的治疗，象动手术摘除肿瘤。这硬的因素对于公司健康来说就是那些和"科学"有关的措施。病人必须知道还有包括强化公司文化或人体免疫系统的"软"因素的存在。软的因素更象公司健康中"艺术"的部分。

研究表明，合理应用隐喻手法能加深人们的理解和记忆，因为它作为一个框架把新知识有机的结合起来。就像之前所提到的，隐喻只是作为一座了解概念的桥梁，而生病的公司一定得跨越这座桥。

公司健康五步曲

预防

谚语说：预防胜于治疗。医疗实践表明，预防疾病发作比等到病情恶化之后才进行治疗要好得多。尽早采取正确的措施远比在后期进行昂贵的治疗有效。而且，一旦你失去了健康，要想完全恢复就需要一段漫长而痛苦的过程。不论是个人还是公司，预防才是打赢这场看不见的战争的要诀。

就象人一样，绝大多数公司纯粹是因为不注意而陷入困境。因为监督不力，由毒素或病毒的积累而产生的病原体能够一直潜伏在身体或机构内。还没等采取行动控制这些病原体，由其引起的疾病就全面爆发了。开始时，公司应该采用谨慎的策略来防止公司受到疾病的攻击或陷入财政危机。这些属于预备性因素的预防措施要求公司管理层能认清方向和制定良好的计划。接下来就要实施包括财政以及其它方面的控制在内的硬件措施了。妥善软件措施也同样是至关重要的，比如照顾好你的手下，对人才队伍的明智管理等等。

诊断

诊断就是根据患者的症状来确定他（她）得的是什么病。可是，有时症状会掩盖真正的病情。而许多不同的疾病却表现出相同或类似的症状。因此，为了不致误诊就需要更仔细深入的探查。

一个病人会表现出得病的早期症状，如咳嗽、流鼻涕、发烧和身体疼痛等。同样的，生病的公司通常也会表现出大量的警兆。职员跳槽率高和品牌价值流失也许是公司健康不佳的信号之一。然而，这些只是症状而不是真正疾病的根源。对"症"下药是治标不治本的，它相当于把癌症患者升级到医院里另一间更好的病房，但患者的病情并没有得到改善。没有诊断就开处方是玩忽职守。而对公司而言，不知道问题的真正症结所在就盲目进行改组可能是一场灾难。

尽早诊断是关键所在。因为这大大增加了治愈的机会。所以，每个公司都应该建立一个检测系统以便尽早诊断。怎么才能让公司摆脱困境？一个好办法是查查看当初它是怎么陷入这个困境里去的。

确认问题所在、良好的检测系统和从症状确定病根只是诊断的开始。之后还要对"硬件"因素进行一个全面诊断，包括象价格、运作程序和沟通等方面。公司也需要回顾及检讨那些有可能使公司陷入困境的"软件"因素，如沟通渠道是否通畅，领导能力是否合适等。

治疗

就算有可以把一个病危的机构拯救过来并使之恢复健康的万灵药，而正确的治疗也是必要的。因为有时药物比疾病本身更可怕。比如有些癌症病患其实是死于化学治疗而非癌症本身。

谚语说："及时的一针省九针。"意思是说行事及时则事倍功半。通常一间生病的公司需要特别照顾，极可能以"手术"的形式集中主要资源进行重组以改善它的资金流通。大多数陷入困境的公司需要借助外界的帮助和变化来对其内部进行大刀阔斧的行动以摆脱困境。公司也需要努力恢复其销售额和盈利。

实行对合适的公司医生或转机经理以及一支团队的委任只是治疗的开始。接下来，受损的公司需要了解和把注意力集中在那些可以医治自己疾病的方法上。象重组、公司规模合理化和削减成本这些硬件因素在这个阶段要优先考虑。有些情况下，当拯救行动开始得太晚，也许唯一的出路就只有放弃。在处理完硬件因素后，公司就要对付不守本职的人员和官僚作风这些软件因素了。

恢复

一旦公司走出"特护病房"，怎样继续照顾自己直到康复就变得至关重要了。每个病人康复的速度都不一样，即使他们得的是同样的病。

就像手术后的恢复过程一样，理疗师会让你开始锻炼和进行康复疗程，比如让你挂着拐杖行走。你在医院休养期间，理疗师和治疗专家会教你如何正确地行走、吃东西、洗澡、坐和穿衣服。你出院时，他们会对你的饮食和锻炼计划作出建议。

公司需要时间痊愈和康复。然后，它需要对有关硬件因素进行回顾及作出反应。这些硬件因素包括销售和市场营销、顾客和市场定位。这些基本因素常常被认为是理所当然而使公司陷入困境。复苏的这段时期也是公司通过重新检讨它的道德价值、灵感和恢复程序来给自己充电和补充精力的大好时机。

巩固

即使在痊愈之后，保健的战斗还远未结束。公司需要继续巩固良好的健康状况以及对改变和革新深谋远虑。公司还要不断地增加现金储备。

有些医生相信免疫系统能帮助身体抵御癌症和病菌的侵袭。免疫系统是一个与疾病战斗的防御体系。在巩固健康的阶段，强化免疫系统是增进健康的关键。

对公司来说，免疫系统就是公司文化。一个机能紊乱的公司文化会是傲慢的和充满了利己主义。公司需要通过健康的观念和视野来加强自身的免疫力。身心医学相信，精神健康与否能影响到身体的健康。同样的，公司的观念也能对其财政健康产生深刻的影响。一间生病公司的敌人往往就在其内部。

一间机构在重获健康后还需要实施保健计划才能保持良好的健康状况。公司需要通过锻炼、健康的饮食和适当的维他命补充来强化心脏。有些长期措施的好处通常不能马上看得到。

阶段 1：预防

方向

原则 1

视野、反馈和行动，一日三餐吃得好，把公司医生拒于门外

有人说，反馈是冠军的早餐。然而，在如今动荡不安的市场环境中，只靠早餐而生存是远远不够的。你一天要有三餐合理的饮食才能远离医生。

在公司饮食体系里，需要视野作为早餐，反馈作为午餐以及行动作为晚餐。视野在精神上为迈向理想的未来提供一幅清晰而准确的画像。反馈将输出结果的一部分返回到输入以对之进行适当调节。行动意味着下决定和执行。只有视野和反馈而没有行动是做梦。只有行动而没有视野和反馈则是浪费时间。而视野、反馈和行动——一日三餐均衡的饮食就能把公司医生拒于门外。

有人认为信息就是力量。然而，没有把信息付诸行动是毫无作用的。这和治疗病人是一样的。医生可以得到全部有关如何治愈病人的正确信息。但如果他不因此采取正确及时的行动去治疗病患，患者的情况就永远不会得到改善。不过，行动必须根据正确的信息来完成。以错误信息作为基础的行动很可能会害死病患。因为治疗可能比疾病本身更可怕。这就是为什么视野、反馈和行动这三者是缺一不可的。它们给公司提供日常需要的营养的不可或缺的饮食。控制和运用正确的信息才能产生力量。

在管理理论中，把东西方的实践经验有机地结合起来的做法是最有效的。发展中的亚洲可以在清楚的视野、正确的研究和反馈等领域向更多有建树和睿智的西方专家管理机制学习很多东西。一九九七年的亚洲金融危机暴露了一些东方巨无霸公司的弱点，象许多家族企业（在韩国叫"Chaebols"，在日本称为"Keiretsu"）和东南亚银行的倒闭。这些公司的缺点是业务不够集中，规模扩张过度和涉及面过广。它们旗下的生产线彼此之间几乎毫无关联。而另一方面，象微软、可口可乐、IBM这些西方顶尖的蓝筹股公司都是有清楚而专一的公司视野的。它们基本上只专注于一类产品。

可是，西方大型公司也有它们自己的弱点。二十世纪九十年代初期，IBM 就差点儿破产。当时 IBM 也有良好的视野和反馈而许多主要公司都在使用其系统。它们必然就 IBM 的产品和服务提供相应的反馈。但问题就出在对这些珍贵的反馈意见的处理上——有关报告都停留在了 IBM 总部的办公室里。能根据反馈而改善局面的决定并没有及时出炉。在更早的七十年代，这种"不良于行"的机制同样害苦了美国主要汽车制造商，拱手让日本人侵入美国市场并蚕食掉大块市场份额。

西方可以从亚洲企业家那里学习他们敏锐的洞察力和根据现有信息而迅速作出行动的本能。日本人已经教给西方人如何快速建立高水准的系统和生产优质产品。如今，中国人和印度人也逐渐在物美价廉和优质服务等方面超过西方公司。

所以，要想在现今全球市场环境中有效竞争，势必要把西方有关视野和反馈的先进管理机制和东方企业家资质和迅速行动的本能有机地结合起来。

原则 2

当你驾驶急救车时，确保知道要去哪里

当你不知道你要往哪里去时，所有的策略计划和目标制定都会失败，而你也会一错到底。在这个世界上，最重要的不是我们的双脚所站立的地方而是我们要前往的方向。知道方向和目的可以提供动力以及促进决策的制定和实施。传统的至理名言说："拥有财富就拥有一切。"但仍然有许多有钱人因为失去了生活目标而自杀。因此更明智的说法应该是："拥有目标就拥有一切。"

华理克（Rick Warren）在一九九五年写了一本有关教堂的书，名叫《直奔标竿：成为目标导向的教会》（The Purpose-Driven Church）。一九八零年，华理克在哥伦比亚西部卡利（Cali）市郊的橙子镇白手起家，成立了一个名叫"马鞍峰"的教会。现在这个教会是美国成长最快的教堂之一，每周平均接纳一万五千名信徒前来礼拜。马鞍峰教会的成功可以媲美戴尔（Dell）、Google 或星巴客（Starbucks）。

《直奔标竿》一书的销量现已超过一百万册。它的续篇——《标竿人生》（The Purpose Driven Life）在全世界已卖出一千二百万册。华理克的成功尽管和他的宗教信仰有一定程度上的关系，但更主要的却是源自于他那对消费者强烈需求的不可思议的洞察力。如果一个人没有目标，就会走向灭亡。

对华理克来说，目标不仅是指那些你应该介入的事情，还包括了你不该介入的。所以，想要有高效率的秘诀就是弄清楚哪些是真正有价值的，然后对之采取行动。不应该让其它事情凌驾于你事业的目标之上或者比其更有优先权。方案、计划和创始人的人格都不会永远存在，只有目标会。目标也会使你的事业康复。不论是灰心失败的教会还是陷入困境的机构，只要能重新发现一个目标和命运，就可以使他们奇迹般的复苏。

华理克也用医学类比来阐述他的观点。他最基本的建议是不要急着扩张你的生意，而是要尽力让它保持健康。只要它健康，自然就会成长起来。此外，与其强迫别人达致你的目标，不如先以一系列承诺引起人们的兴趣，而后通过兑现这些承诺吸引他们最终实现你的目标。如果你能成功地得到更大的承诺，那就能确保产生更多响应。

使领导者成功最重要的因素很可能是他们有清楚的目标和视野，知道自己要干什么以及往哪里去。视野的重要性在于它能根据你构想出来的蓝图描绘成一幅看得见的事业前景。视野是一张指引通往未来的地图，它产生激情，在混乱中寻求有序，为成功铺路。但是，如果视野不能为机构中的所有成员共享，那它就如同镜中月、水中花一般毫无价值可言。维京公司（Virgin）主席布朗森（Branson）、微软的比尔·盖茨（Bill Gates）、ABB 布朗·波维尼公司（ABB Brown Boveri）的前执行总裁巴尼维克（Barnevik）以及英国石油公司的前总裁戴维·赛门（David Simon）这些领导人都有自己能引人注意的地方。布朗森的风格简直就是表现主义者，比尔·盖茨的风格则是不经意得让人有点讨厌的，巴尼维克的风格是一种糅合了理性和人文主义的世故而赛门是不摆架子和友善的。虽然这些领导人都各具特色，但他们都把视野设定得简单明了。一旦和他们分享他们希望实现的目标，他们想去的地方以及所有使得他们的视野有感染力的事情上时，他们就会流露出激情、渴慕和自信的神情。

挂牌公司英之杰（Inchcape plc）和英国工业联邦的主席约翰·伊根爵士（Sir John Egan）同样强调过方向的重要性。他提醒经理们在制定策略计划时眼光要放长远，不要斤斤计较于能否达致工作目标和维持盈利。他说："如果我们要有一个可持续发展的未来，就一定要紧紧把握好我们前进的方向。我们必须开创一个既能使财富持续增长有不会危及我们所居住的星球的未来，而政府显然也希望各公司机构这么去做。"

全球管理咨询公司（PA Consulting）的一项研究显示了一组令人震惊的数字：只有17％的公司了解到哪些是他们最有价值的顾客，而仅仅 13％的公司知道他们最有价值的产品是什么。发掘最有价值的顾客和产品只是达致一个更有效的目的的起点。在艰难的市场中，至关重要的是应该着眼于产品的市场价值。此外，你的职员也要对自己身后的产品或服务背景有一定的了解。

谚语说："如果你不知道要去哪里，走任何一条都行。"但当你驾驶着急救车去接伤病员时，如果你迷了路或在路上花了太多时间，代价可能就是那伤患的生命。

计划

原则 3

没有策略的公司如盲人骑瞎马，将走向悲剧

许多业务仍以放弃明天的机会为代价而专注于昨天的问题。顶尖的象棋大师总是有一套适当的应敌之策。但为业务的未来知定计划却好像二流的职员在分析过去的业绩。建筑师不会没有建筑设计图就开始建房子。因为不论选择错误的设计规划或建筑在错误的地基还是使用错误的建筑材料，都可能导致灾难性的后果。这种房子在你搬进去后可能就会坍塌。策略计划是你事业上的建筑蓝图。

执行经理总有借口不制定策略计划。他们设想这个世界变化太快。计划赶不上变化。十年，甚至五年计划都是毫无意义的。的确，现今环境瞬息万变。这使得制定长期计划日益困难。不做策略计划的公司借口说制定计划会让公司陷入过多数据分析而不能自拔。确实也有一些公司以昂贵的市场研究和数据分析作为后盾。

有句谚语称之为"把孩子连同洗澡水一起倒掉"。 然而我们不能因噎废食。其实，在动荡和瞬息万变的环境中更需要策略计划。比如"泰坦尼克"号，尽管她配备了当时最先进的科技，但却没有一个对意外和灾难的紧急应对计划。结果当她撞上冰山，就酿成了超过一千六百人遇难的悲剧。今天，我们生活在困难中，而明天可能会更糟。在恐怖袭击以及沙斯（SARS）、禽流感、疯牛症等全球传染病的可能威胁下，任何公司的总裁如果认为自己能对此免疫或受到很好的保护，那他就太天真了。

千万不能因为公司有一个不错的策略计划体系就以为大功告成了。你的成功可能碰巧因为市场良好或竞争不激烈。此外，也别误把年度预算这类例行程序当成是策略计划的应用。如果仅仅是内部的数据那只能称之为销售量或产品价格表，而不是策略计划。所谓策略计划必须把包括顾客资料、竞争、经济走向等外部因素都考虑在内。

对 IBM、宝洁（P&G）、3M 等成功公司的研究发现重大的革新和绝佳的想法从来没在公司总部的核心策略计划部门产生过。绝大多数的好点子和革新来自业外人士或那些定期和顾客互动的人员。制定策略时绝不能呆在象牙塔里，而应和真实世界紧密联系起来。

通用电器（美国）公司的前主席杰克·威尔齐（Jack Welch）引用普鲁士将军和军事作家卡尔·凡·克劳塞维茨（Clausewitz, Karl von, 1780-1831）的理论来阐述对策略的看法。克劳塞维茨一个著名的理论解释了为什么作为一名军事家不能在制定了一套完整的作战计划后就盲目地按部就班："不能把战略简化成一个公式。制定过于细节化的计划将不能避免前后矛盾而必然导致失败。策略不是冗长的行动计划，而是一个中心思想通过不断变化的环境而在不停地演变和进化。"

威尔齐自己对策略的想法和克劳塞维茨将军不谋而合。多年来，随着周遭情况和竞争环境的推移，他坚持不懈地对通用电器公司进行彻底改造。这期间，威尔齐对策略的想法也发生了重大的改变。每一个重要的开端都是建立在之前的努力成果上。他会发动一场"战争"，然后静待其结果全盘显示出来。经过对在他任内时期通用电器公司的演变过程，威尔齐画出一个阶梯形的图表来描述公司的文化改变的不同阶段。"群策群力（Work-Out）"计划为"最佳实践（Best Practices）"计划打下基础，而后者则为"方法改进（Process Improvement）"计划，如"六标准差（Six Sigma）"等计划创造了可行的平台。

为策略计划所作的准备也许并不能保证成功，但不这么做却必定是一张灾难的处方。

原则 4

如果你要健康，就要为之计划。如果你要极棒的健康，就要计划并验尸

制定计划能告诉你将要发生什么事，而验尸报告则会告诉你已经发生了什么事。计划制定和"验尸报告"这两者实质上都是实现公司目标同时避免重蹈覆辙所必需的管理工具。为变化而制定计划必须成为每一名执行经理经常关心的事。同时，如果情况没有如计划的那样发生，那么"验尸"工作就要进行以避免重犯计划中同样的错误。

德怀特·戴维·艾森豪威尔（Dwight D Eisenhower）将军有句名言："制定计划什么都不是，它同时又是一切。"这是回应他愤世嫉俗的同事而说的。这名同事相信只要一和敌人接触，之前制定的计划就毫无例外地变成一张废纸。所以制定计划是浪费时间。对当今公司而言，所制定的计划经常因为要在完成任务并呈交结果的短期压力下而被抛在脑后。

不准备制定计划，就要准备接受验尸。"验尸"工作不是不重要。但公司应为了成功而制定计划，并把为失败项目"验尸"的机会减少到最低。制定计划的公司比那些什么都没做的公司表现得更好。

危机和意想不到的变化不再是我们生活中罕见和不寻常的部分，而已经成为我们社会和现代公司的基本组成部分之一。虽然不是所有危机都可以预见甚或预防，但如果我们对人为可能制定战略战术计划，那么所有的危机就都在我们掌控之中了。假如能对基本的危机策划和管理有一个透彻的理解，就可以最大程度地减小危机的冲击。

战术计划是短期的，而战略计划则是长期的。战略计划是针对外界环境力量而制定的并能对其作出反应。战术计划通常为期一年，是那些通常为期三到五年的战略计划的垫脚石。

计划实施后的分析工作，也就是"验尸"，同样非常重要。就像医学的验尸可以查出死因，公司的"验尸报告"也是极其具启迪作用的。俗话说"吃一堑，长一智"。这就是公司的"验尸报告"的作用，像一次起死复生的经历，能赋予你新生或第二次机会。"验尸报告"还可以让你反省。少了它，就可能会犯同样的错误而早先学到的教训就白费了。这就是为什么我们常说"历史在重复"。世界大战在短短三十年里爆发了两次。众多帝国和朝代周而复始由兴盛走向衰亡，就是因为它们没有反省历史而犯下同样的错误，即权力至上。"验尸"工作会比较单调无聊尤其前面还有压倒性的成功。但它同样可以通过反省成功来避免将来踏入失败的陷阱。

优秀的经理总能找到错得不那么厉害的部分来减少过失。当然这要确保同样的问题不再浮现。这就是为什么有些公司对将要离职的员工实施离职前面试以查明是否有台面以下隐藏着的问题。即使混乱也有它自己的模式。"验尸"工作可以确定出错

的事情的模式以防止以后再发生同样的错误。在过去是"三振出局"，即允许你犯三次错误。而现在只要一次击不中球，你就出局了。这是因为现今世界的竞争是如此激烈，你已经没有第二次机会。只要有一次失手、失算或策略失误，你的竞争对手就能迅速把你的客户给"偷"走。因为资源匮乏，你几乎没有犯错的空间。这些因素彰显出"验尸"工作的重要性一一它能最大程度地减少重复犯错。

原则 5

制定接班人计划－－延续你的成功

许多国家和政治领袖的垮台要归咎于领导层交接出现断层。南斯拉夫在 1980 年铁托总统去世后马上陷入内战。在这之前，铁托总统是一位全能总统且没有意愿让位给任何人。印尼前总统苏哈多也委任能力不强的亲信为下属，妄想以此使自己的权力永垂不朽。结果在 1997 年亚洲经济危机的袭击下，印尼经济一蹶不振。而他自己也在因连锁效应而导致的政局动荡中被迫下台。

同样的，许多公司曾经昙花一现就是因为缺乏良好的接班人计划。相当多的企业家希望他们的子女能继承他们并继续统治他们的事业。然而，他们的后代可能并不是最佳的接班人。长期来说，对公司更有利的是该企业家及其子女能聘用公司内外最优秀的专业经理来经营管理。所以有句话说："富不过三代"。意思是说第一代人创建事业，第二代人享受繁荣及成长，第三代人则使其没落。我们有道德义务培养成功的下一代。有句谚语说："如果你想有幸福的一生，就要帮助下一代。"

对有些经理来说，如果他们的下属比他们强，他们就会感到害怕和不安。这样的下属会被当成是威胁，让那些经理成为多余的人的威胁，假以时日必会取代他们的位置。结果导致那些经理刻意压制优秀的下属而以不具威胁的职员取代。为鼓励接班人计划，公司应该引入这样的政策：如果一个人没有培养能胜任他现在位置的接班人，那他就不能获得晋升。接班人计划也应该成为衡量一间公司业绩表现的重要准绳之一。

可口可乐已故主席罗伯托·戈伊祖塔（Roberto Goizuetta）就有非常好的接班人计划。他培养了至少四名干将可以在他金盆洗手后继续经营公司，而有另外十人可以在那时填补这四名干将的空缺。1997 年十月 25 日《经济家》报告说"很显然，罗伯托·戈伊祖塔会得到他所领导的可口可乐公司的悼念。可口可乐不会忘记他。说来也奇怪，这也许是一位去世的总裁能得到的最高致意。"

接班人计划是促使通用电器公司成功的因素之一。如果不是通用电器那严格的接班人计划，杰克·威尔齐也许永远不会成为通用电器的第八任总裁。芮格·琼斯（Reg Jones，通用电器的第七任总裁）和杰克·威尔齐二人早在他们退休前六年就开始寻找他们各自的接班人。而董事局也在处理此事上发挥了至关重要的作用。2000 年十一月，威尔齐终于任命他的接班人－－通用电器医药系统主任杰夫·伊梅尔特（Jeff Immelt），并在 2001 年九月将职位传给了他。

我们可以从以上例子推理得出，要延续你的成功，不应简单地制造你自己的复制品。有些公司的问题在于公司总裁喜欢让那些像他们自己的人来接班。如果类似情况一再重复，那就不会有更新和变化。

14

威尔齐说，伊梅尔特不应再重复他所做过的，而要借此机会彻底改造公司，就像威尔齐当初刚成为通用电器总裁那样。在威尔齐退休前几个月，他建议他的接班人要做的不是盲目步其后尘，而是要发扬创新精神让通用电器更上一层楼。他说："我的接班人知道他的工作不是重复我已经做过的事，而是以此为基础开发全新的主意和事业……这是他的竞赛。"

因此，经常提醒你的职员和你自己，不要害怕接受工作范畴以外的锻炼。当你能把目前的工作做得很好时，总会有更好的在等着你。

原则 6

三思而后行让你高枕无忧

许多公司经常会因成功和欢欣鼓舞而沾沾自喜，却忘记做家庭作业。扩张行动之前缺乏正确评估或来自足够市场调研的支持。当公司目标之一是完成业务扩张时，决定就已经被主观意识所践踏了，而风险因素也被忽略。如果公司能保持理性思维、做基本的调研功课和一些反省，那么他们就不会害严重的头痛，也可以避免那些让他们头痛的项目。三思而后行最基本的就是理性思维，即在下决定之前，不让感情、利己主义和沾沾自喜左右你的决定。

在很多业务失败的例子中，其主要原因是没有做到三思而后行。比如，许多投资中国的先驱们都亏了钱。因为他们的投资都是基于"中国统计学"，即假设中国有十亿人口，如果能占有百分之一的市场，虽然是很小的百分比，但总数就有一千万的客户。这实在是个太迷人的市场了！不幸的，这些投资者很快就沮丧地发现中国原来还是个第三世界国家。庞大的人口并没有能力支付他们的产品和服务。市场行销中永恒的定律："别从穷光蛋那里赚钱"在此得到很好的证明。

历史提醒我们许多从事主要并购的公司最终都输得很惨。有时，通过恰当的调研功课、反省和理性思维会发现收买关键人物促进业务成长比单单收购另一家公司并使自己的资金套牢要好的多。除了公司并购后的战略协同，也要小心不同公司文化的磨合。就拿上世纪九十年代中，由新加坡和中国政府合作开发的新中苏州工业项目一开始的摩擦来说。虽然新加坡和中国政府都非常支持和认可这个项目，但一开始双方还是有不少误解和摩擦。起因是各自文化的差异，虽然新加坡文化同样源自中国五千年历史。1999 年九月新加坡政府最终放弃了工业园区的管理权。如果双方能在一开始先通过试行一个小规模的项目来了解对方，也许就能化解这么多令人头痛的事。事实上，整个项目在完全没有预先测试的情况下就全面上马了。

在新加坡，许多建筑行业的承包商因为在招标阶段前没有很好地估计项目成本，最后落得成本超支、预算赤字的地步。因为在项目实施阶段几乎没有犯错的余地，所以在早期对承包项目正确估价就显得至关重要了。一些承包商并没有料想到一些偶然因素会导致如不锈钢等原材料价格上扬，以及外汇波动、国家政局风险、利率等方面的影响力。

悉尼歌剧院算得上是澳洲的标志性建筑之一。然而在上世纪五十年代建造这个项目时的花费却显然超出预算 15 倍，达到一亿澳元。这座建筑是由丹麦建筑师杰恩·乌特松（Joern Utzon）设计的。乌特松因其超现实主义和脱离实际建筑实用性的设计一举击败了二百名其他来自世界各地的竞争对手。如果当时项目审计人员能够保持理性思维的话，就能看出要把如此梦幻般的设计变成现实将会是多么浩大的工程，因而可以节省数以百万计的经费。

另一个大肆挥霍预算的项目就是欧洲隧道。它其实是在吹牛中建造出来的。该项目本来预期能占有三分之一通勤者的市场份额。然而，当隧道在严重超支及误期完工之后，又面对来自其他竞争者所设的障碍——渡轮业和航空业提供更低廉的服务。那时，数以亿计的资金已经投入这个无底洞中了。

理性思维应和详细的计划制定、市场可行性调研以及对竞争对手失误的研究结合起来。这些努力不但在长期将会取得极大的回报，而且也可以避免许多错误带来的严重头痛及恶梦。总之，三思而后行会让你高枕无忧。

财政

原则 7

身体健康与财政健康非常相似

公司系统和医药科学密切相关。公司像人一样也会生病。和普遍的看法恰恰相反，公司并不是一个毫无生命的物体，而是一个由人组成的社团，一个活生生的，有它自己独特人格和态度的生命实体。所以，如果得不到大家的关心，有着自己生命的公司就会死亡。与其用机械或工业模型来理解公司业务状况，不如从生态学的观点把公司当成一个生物体理解来得更为有效易懂。像所有的生物体，公司首先为自己的生存、进化及发挥自己最大的潜能而生。同样的，我们人类也为种族延续和繁荣兴旺而生。

人类通过受精怀孕进而在母体内形成胎儿。而一间公司在出生前的阶段则经过了奠基者探索或集体讨论的一个最初想法进而形成公司概念。人类胎儿在母体内得到全面的营养和发育直到妊娠期满呱呱坠地。对一间公司来说，在经过了商场生存能力的可行性报告分析及深思熟虑之后就诞生成为起步公司。公司也可以是合并或收购——公司社会婚姻——的产物。有些婴儿会死产或因各种先天缺陷而流产。同样的，一些起步公司也会因资金不足或合作破裂而中途失败。一间盈利的公司就像一个健康的人，充满了朝气和活力。而一间陷入困境的问题公司则类似于一名病人。使公司陷入困境的问题本质上多是财务方面的。公司生病时，需要公司医生来治愈它或让它好转起来。在多数情况下，生病的公司需要新的资金注入使自己复苏。这时，公司就要住院了。

对公司来说，医院就是银行、私人投资者或风险资本家。经他们提供至关重要的融资和流动现金给生病公司以维持其经营运作。公司对"动手术"这个词有很多委婉的表达方法，如重组、合理化、缩小规模、再造等等。其实这些都是一个意思。如果你不巧是公司再造的受害者之一，基本上就是说你被解雇了。

公司也会遭到病毒的侵袭。病毒的种类包括不胜任的管理层、低成本竞争、经济放缓等。思想理念也会影响到其财务健康，就像人的心理问题能影响身体健康一样。思想理念方面的问题包括负面的态度、缺乏积极性及患上总体官能障碍而拒绝与时俱进的公司文化。

当公司染上重病失去竞争力时，就要进入特护病房接受转机治疗。当公司痊愈时，就是说其业绩成功好转了。否则就会以财务崩溃或破产的方式宣告这间公司的死亡。当一间公司"死亡"时，也会有它自己的殡仪事务承办者，即我们所熟知的清算人。

原则 8

存货是墓地

对大多数公司来说，存货就是墓地，埋葬了所有的滞销品和呆滞商品。绝大多数这类库存将可能被注销。合理控制存货是及其重要的，因为库存阻碍了大笔必要资金并增加运输费用。存货也会剥夺公司其它的投资及赚钱机会。

缩短存货周转周期可以使公司在财务表现上取得可观的进展，同时也可让公司节省大量存储及运输费用。

滞销商品库存量过高的问题经常困扰着那些从事贸易、中介和分销业务的公司。贸易总负责人和总代理经常坚持要他们的代理、经销商和特许经销代理人置办更多他们的存货。对这些代理和特许代理人来说，重要的是小心仔细地评估这些存货的商业生存能力。如果这些存货不是畅销品且保存期很短，那么它们就有变成呆滞商品而最终有一天会被注销的危险。谨慎的做法是，当贸易总负责人和总代理商要求你置办存货作为参加其代理业务的前提条件之一时，你一定要致力达成一个互惠合同以确保得到他们收回卖不出去或滞销产品的承诺。

当一间公司拥有多元产品或过多库存单位（SKU）时，最好祈祷它能经准地预测零售业的销售率以及经常调整产量以免过量生产。不幸的是许多这类公司发现它们自己的存货过多。所持有的存货量并不符合零售业的销售额。对制造业公司而言，混合型生产的问题在于会生产过时的产品，最终导致产品帐面价值降低甚至注销而使成本大大增加。此外，这个问题还会由不断增加的储存及仓库费日益凸显出来。通常公司只好被迫以非常便宜的价格处理掉陈货以减少进一步的损失。

另一方面，转机经理必须小心监督存货以确保脱销的局面不会出现。这不仅会导致销售额下降，甚至反而损害公司的声誉。所以，必须深入分析以确保存货情况处于一个最佳的水平。

执行总裁也要对公司的存货货库存清单进行广泛的复查。这对减少滞销品和过时产品有帮助。早先提到过，为使现金流动更加宽裕，公司应该考虑以折扣价处理掉过时的产品。有时，拍卖确实为处理掉这样的产品提供了很好的机会。但毫无理由地一下子卖掉所有滞销品也不是明智之举。这种过激行为甚至会危及和妨碍生病公司的康复。因为如果管理不当的话，就有可能演变成内部的停业清算行动。

不能只对存货小心，而且也要谨慎对待在制品（WIP）。在制品是指系统内只完成一部分的工作及产品。在建筑行业，有时因为合约争议而把在制品遗忘在一旁。因此，每当一个进展阶段的付款期满时就要确保准时收到相应的款项是至关重要的。这可以避免落得因在制品荒废而必需注销的地步。

在制造业，经常会因工程进展质量不合格或客户反对而把在制品闲置在一旁。在制品可能在生产车间闲置数个月甚至数年。不但阻碍现金周转而且占用了工厂的空间。

因此，重要的一点是如果没有必要，别把公司的现金埋葬在存货及在制品上。

原则 9

对应收款项随意可能使公司受重伤

由于信贷控制不力或信贷政策管理不良，致使一些公司的应收帐款成为他们的"阿基里斯的脚踝"——唯一致命弱点。这些隐藏在公司的重要生命线——现金流中的弱点有一天可能使公司窒息而亡。

在新加坡的建筑行业，经常会有很多公司的可回收款项出现问题。虽然在实际操作中，会计帐目允许在收到工程进度的到期款项之前把应收款项视为盈利，但这些应收款项却不能真正成为现金流的一部分。前几年建筑行业低迷期间，许多小型承包商即使拥有数量相当可观的可回收款项，但还是避免不了倒闭的命运。这是由于主要承包商、业主和发展商没有付钱所致。

新加坡的建筑行业正经历一个黯淡时期。许多工程项目陷入亏损而应收款项却经常不能兑现。有些合同中的最终留成额或累计付款不能兑现是因为业主用合同中的争议给未付款找借口。这导致诉讼时间的延长而进一步耗尽这些承包商本来就不宽裕的现金流。新加坡政府正通过加强法律条规尽力改善这种局面。新法律规定政府中介和业主必须尽快全部付清应付款项，不得无故延迟或拖欠付款。

三角债问题在中国是一个普遍现象。这主要是一个可回收帐款的坏帐问题。中国四大主要银行中有大约 30% 的贷款额是不能从贷款者手中收回的呆坏帐。此外，许多所谓的盈利公司虽然有大量的应收款项，但却因为客户不履行还款义务而收不回这些款项。政府通过把贷款中的呆坏帐转帐到一个特别资产公司的户头下以期解决这个棘手的问题，并且在 2004 年四月宣布了一系列额外措施来给过热的经济降温。

在过去的二十多年里，驱动中国经济高速发展的因素多少发生了一些变化。早在上世纪八十年代改革开放刚刚开始的几年，改革的重点是通过对乡镇集体及国有企业的重组来推动其适应市场的变化。到了八十年代末，中央政府为了减轻国有企业带来的经济负担而开放资本市场，允许他们通过股票和债券的形式把企业资产卖给广大职工来募集资金。可是到了九十年代初，朱镕基副总理采取宏观经济调控政策来抑制当时国内过高的通货膨胀。这个货币紧缩政策反而使当时原本就不乐观的国有企业的财务状况，尤其是那些向其它国企或国有银行大量借贷的国有企业的财务状况进一步恶化。因此，在 1995 年，日益严重的三角债问题促使银行体系改组成为燃眉之急。

在这期间，北京管理当局给各省一定的限额，允许一定数量的国有企业上市。为减轻当地就业市场的压力，降低失业率以及实现三年盈利的财政需要，各省政府不约而同地把限额配给了那些急需资金但却没有效率的国企，而不是有效益的国企。这无异于饮鸩止渴，投入有用的资金去拯救病入膏肓的企业。这些企业的股票因此上扬，进而形成一个随时可能爆破的泡沫。其实对于中国国有银行和国企来说，应收帐款才是最根本的问题所在。政府部门应该痛下决心，关闭及取缔这些无效益的运作。然而事实恰恰相反，因为害怕由失业率而引发其它社会和政治问题，这些无效运作仍然可以继续下去。如此一来，其他健康公司也殃及池鱼，被卷入三角债内。这些就是对应收帐款太随意而给公司带来的伤害。

无法支付欠款的债务人时常会以带有争议性的原则诡辩说并不是他们不想付钱，而是这些原则不让他们付钱。其实你可以肯定是在绝大多数情况下，不付钱的理由纯粹是钱而不是这些原则。一条你必须牢记在心的原则是首先要把钱拿到手。

总而言之，光达成交易还不够。卖方必须确定可以收得到钱才行。你不能把可回收款项当成工资发给你的职员，而只能支付他们现金。

原则 10

财务赤字时，公司已经失血过多了

很多规则和因素是不能由传统的财会系统以数字表现及衡量出来的。

人力资本对公司而言可能是一个最关键的成功因素，但其重要性并不能从财务数字看出来或以之衡量。我们可以通过观察公司的中高级管理层是否存在重大缺陷来预测该公司的成败与否。当大批举足轻重的经理离职时会对公司策略执行和管理的连贯性产生重大冲击，因而是造成公司局面进一步恶化的预警信号。

职员的士气是影响公司财务健康的另外一种无形因素。虽然职员士气高涨未必等同于生产率高，但士气低肯定意味着公司的问题来了。职员士气降低会阻塞公司中具有建设性意见的自由流通以及降低运作效率。紧接着，低落的士气会致使优秀职员大批离去而最终导致公司的收益和市场份额大幅度滑坡。

很不幸的，一个产品的品牌价值也不在传统会计报表能够衡量的范围内。品牌价值实际上是附着在产品品牌中的一系列正面因素而赋予产品或服务增值价值，包括过去对品牌的投资和市场营销的成果。这也是一种公司必须确保在任何时候都不能贬值的重要财产之一。可惜，由于品牌价值天生的不确定性决定了它无法由财务收支图表所描绘出来。

另一个事关公司成败的根源是执行总裁的素质。多数危机局面起因于不称职的执行总裁，软弱的董事局和财政管理员。而现今的会计体系恰恰就不能衡量这些关键领导层和董事局成员的素质。

其它能导致失败的原因还包括以的素质的职员和有官能障碍的公司文化去把握市场变化。这些原因造成的伤害往往在财务数字亮起红灯前就凸显出来了。

一间脆弱的公司的盈利指数可能经常指向负数或盈利增长呈现递减。其盈利滑落到低于同行业的平均水平及与同行业的竞争中处于下风的状况可能已经持续了数年。可有时盈利下滑也会和诸如经济不景、市场动荡等许多其它因素混淆在一起。因此作为一名有经验的资深经理要能够远在财务数字亮起红灯前尽早确定问题所在。

控制

原则 11

企业暴饮暴食可导致消化不良

饮食过量或无节制对健康有害。同样的，企业暴饮暴食－－过度收购也会导致消化不良而产生过度举债、整合困难、公司文化相抵触等问题。别想一口吃成个胖子。

通过大量收购使业务迅速膨胀不仅是一种可怕的经历，而且实际上要担更多风险。当公司出现问题时，有些执行总裁会进行疯狂大收购。毕竟这不仅比枯燥地坐在办公室里努力解决转机问题要令人着迷和兴奋，而且还能把股东们的注意力从自身问题转移到具有扩张性的计划上去。可是，在缺乏足够的调研工作、时机不当的情况下，以自私自利和急功近利的动机匆忙地去进行收购很可能会导致灾难性的后果。

哈佛大学的迈克尔·波特教授（Michael Porter）对 33 间备受瞩目的公司在跨度为 36 年间进行的收购行动作了成功率的调查研究。他的数据显示，超过半数"无关"业务的收购在最终都不得不卖掉。如果把"失败"定义为相对资金投入而言，无法取得预期回报的话，那么麦肯锡公司（McKinsey & Company）的另一项研究则发现大约有 61% 的收购计划是属于失败的。在这些失败的收购计划当中，有的实际上是因为公司之间"八字不合"，根本是错误的搭配，从而使得收购成功的可能非常渺茫。造成公司合并高难度和高失败率的原因是不完善的管理层。当初为选择一间适合收购的目标公司而"踏破铁鞋无觅处"，但收购之后却没有很好的跟进计划使两间公司协调地融合起来。

原公司各自的人员常常煞费苦心地琢磨收购行动会如何影响他们个人的事业。因此一个完善的并购计划应当把怎样消除这类忧虑作为重点之一考虑。一个典型的反例就是 Novell 公司并购 WordPerfect 的行动。这次并购行动不但使双方机构的人员感到不安和沮丧，而且公司在合并后也摇摇欲坠，甚至一度处于崩溃的边缘。之后不到两年的时间，Novell 就只好把当初八亿五千五百万收购的 WordPerfect 以区区 1.15 亿转手给了加拿大的 Corel 软件公司。

许多媒体企业同样面对着无节制收购的问题。鼓励收购的策略作为业界传统的明智之举其本意是要以此刺激业务成长壮大。日本索尼（SONY）公司就是其中最具代表性的例子。索尼是最早大举进军音乐界和电影制片业的电器公司之一。法国维旺迪环球集团（Vivendi Universal）、德国贝塔斯曼（Bertelsmann）以及美国在线时代华纳（AOL Time Warner）等公司都是采用相同方式而壮大自己的个中翘楚。当时人们相信可以通过广泛的内部渠道，包括光盘（CD）、数字化视频光盘（DVD）、网际网络，甚至主题公园，来开发一个产品进而使其市场化。然而，因为不同业务领域要求相应的专业知识和技能，过度分散的投资会削弱企业的核心力量，进而导致这些投机收购行动以失败告终。

在景气年份，许多公司为进一步发展急需资金注入。他们认为赢得竞争的捷径是和竞争对手加盟。俗话说，"打不过就加入。"于是公司并购的数字就节节上升。随着每一次新的收购行动，特别是以证券交易的收购，大家就不假思索地认为公司收入会自动跳上一个新的台阶，而利润大概也会维持在满意的范围内。发展壮大中的公司获得的不只是市场占有率而已，还能得到专业技术。只要公司在成长而所有的数字都显示正常，那么每一件事看起来都很美好。然而这种通过收购使公司成长的策略却存在一个致命的缺陷，就是在《财富》杂志里赫伯·格林博格（Herb Greenberg）评价当时美国企业现状的那样："以大量收购使公司成长的方式和任何上瘾的症状一样，必然要通过增加药物的剂量来保持兴奋状态。对华尔街而言，要想让收入增长得足够快的唯一方法只有收购更多的公司。"

一旦公司的成长曲线不再上升而股价也回落到一定范围，就会引发连锁下滑反应。当公司的资产值减少以及必须偿还收购行动的贷款和不断增加的利率支出时，公司就会失去融资的能力。此时，公司为了降低成本，不得不开始削减在质量、客户和职员上面的花费。

所以，谚语说的好："贪多嚼不烂"。公司如果无节制地进行疯狂收购，对自身健康有害。

原则 12

法律纠纷可让你瞬间出局

许多公司低估了卷入法律诉讼的潜在杀伤力。尤其在没有强有力的法律靠山作为后盾时，法律诉讼就成了遍布灾难的雷区。许多机构呕心沥血才发展起来，但只要一次法律官司就可将其资金榨干。打官司就像一只漏洞的钱包。不管你是否打赢了官司，最终受益的人却是律师。如果你不幸输掉了官司，那么打官司的费用和赔偿金就可能一夜间让你的事业出轨。

不管合约中的利润有多低，工程期限和责任有多么不切实际，许多新加坡承包商还是会不分青红皂白先签了再说。这么做的后果只有惹麻烦上身。最后，他们还得负担因误期完工以及工程质量等违约问题而导致的巨额清偿损失和赔偿金。进行这种风险远超回报的工作实在得不偿失。有些转包商寄希望于出现最初合约中所没有规定的订单变化或额外工作机会能给他们赚取"外快"。可是，在额外工作执行之前，这些订单变化没有正式达成协议并签进合同。结果主要承包商就可趁机利用合约里的争议而拒绝付钱。此外，工程项目经常因无法控制的原因而推迟。这些转包商不得不对付主要承包商提出的反索赔和反向收费的问题。在多数情况下，转包商在官司上打不起"持久战"。他们不得不接受对他们很不利的解决方案，与主要承包商在庭外和解。假如当初他们不签这些费力不讨好的合约，也就为此头痛了。

特别是在中国，更要警惕法律诉讼的分歧性。在中国一个行之有效的策略意味着要学习了解无数的从国家级、省级到市级甚至当地的各项法律法规和条文。不同地区间对各种矛盾冲突和合约争议的判决、赔偿以及法律援助可能大不相同。这是一个充满危险的雷区。但如果在一开始就对可能涉及到的法律条文有通透的了解，那么这些问题就不那么令人头痛了。所以在一开始就了解中国法律是很重要的。在中国，政府可以在很大程度上参与商业事务。比如，中国的集体企业就很难判定其所有权到底是属于政府还是私人。因此，在与中国的集体企业合作成为伙伴关系之前，了解其合法性是很重要的。

随着中国加入世界贸易组织，越来越多强加在商业事务上的人为壁垒被一一清除。然而，中国本质上仍然是一个相对封闭的市场。政府仍然牢牢地掌握着市场控制权。要进入中国市场的先决条件是要充分了解行业的各种规章制度。不管是故意还是纯粹无知，只要有任何不遵守法律法规的地方，你就会被逮着。不论是你手下的职员还是竞争对手，只要他们一不高兴，就会向有关当局告发你不遵纪守法的地方。似乎相互告发是一个普遍的共产主义者的特性。

法律纠纷曾经差点儿毁掉美国的小型飞机制造业。众多强大的经纪公司也因为其分析家们的操作方式而卷入法律纠纷，一度有倾覆的危险。天主教堂因为其神父有很多陋习以致牵涉到法律纠纷而备受责难。另一个经典的例子就是阿瑟·安德森（Arthur Anderson）因不适当的怀疑和法律诉讼而失去大量客户。

如果你认为可以忽视法律从而取得经济利益，那简直在开自己的玩笑。对此要格外小心。如果不遵纪守法会对雇员或普通公众的安全造成危险，千万别犯法，那不值得。

此外，在困难时期，当你不能按时偿还债权人时，宁可尽量说服他们延缓偿还期限也不要闹上法庭。而大多数债权人，比如银行，也情愿友善地解决问题。因为不论对原告还是被告，把事情闹大了都没什么好处。

因此长期而言，玩弄法律总是要付出代价的。如果你是拳击手，你决不会在比赛中咬掉对手的耳朵。否则你就会被禁止参加以后的比赛，甚至象麦克·泰森（Mike Tyson）那样被关进监狱。你的名誉也会一落千丈。

原则 13

腐败使人短期受益，长期受害

人们误以为亚洲只有腐败，而且只有在亚洲才有腐败。事实上，腐败不但在其它地方被人们痛恨，在亚洲更是不被认同。它并不属于亚洲的"传统"文化。随着中国和印度市场的开放和经济迅猛发展，让人们误以为存在于这两国里的腐败现象同样根深蒂固于亚洲其他国家中。

礼尚往来是多数亚洲国家文化里的重要组成部分，甚至可说是标志之一。但至于如何演变成为腐败行为就不得而知了。判断是礼尚往来还是腐败的最重要的依据大概可归纳为动机是否正当以及礼物是否过于贵重。如果有人向你收取贿赂，该怎么办？切记，一旦你行贿，就留下一个污点。这迟早会被调查员、竞争对手和媒体挖掘出来。最好向收取贿赂的人解释法律不允许你行贿。这么做是违法的。公司可能因受贿处以巨额罚款，而你也可能因行贿受罚入狱，最终肯定丢掉工作。

采购和供给在亚洲是滋生腐败最大的温床。许多国家中，非法回扣已经成为平常的例行公事。亚洲营运的公司在购买他们自己的补给品时必须防止出现腐败行为，而且要对亚洲采购人员进行仔细检查。有必要时刻留意以下事项：多余或不谨慎的采购项目、采购员和供应商之间的亲戚关系、采购员有来路不明的收入以及任何其他可疑行为，象缺少购买同类产品的对比报价单等等。明智的做法是定期让采购人员换岗以避免其与供应商之间形成固定舒适的关系。

腐败并不是亚洲的特产。俗语说："当你看见一只老鼠时，可能有上百只藏在下水道里。"公诸于世的财务丑闻不过是冰山一角而已。继恩龙（Enron）丑闻案后紧跟着是安达信（Arthur Anderson）、美国环球电讯公司（Global Cross）、艾德尔菲（Adelphia）、世通（Worldcom）、泰科（Tyco）、南方保健（HealthSouth）、英克隆（ImClone）等等。既便是冰山一角也数不胜数。公司诈骗的瘟疫横扫全球每个行业。它在欧洲肆虐。从荷兰零售和食品业巨头皇家阿霍德（Ahold）到意大利食品和日用品集团帕玛拉（Parmalat），甚至由加拿大裔英国贵族康拉德·M·布莱克（Conrad M Black）控股的媒体报纸霍林格国际公司（Hollinger International Inc）也不能逃离它的魔爪。腐败进而逐步升级为内部交易、滥用行政权、利用公司管理弱点和财政系统漏洞进行欺诈和以权谋私。防止腐败的方法是让公司透明化、强化职员的责任感以及有法可依、有法必依、违法必究。

没有人能明白恩龙公司用来查证收入的所谓拜占庭式的会计方法。丹尼斯·克兹洛斯基（Dennis Kozlowski）及其同伙用这种下流的方法中饱私囊。恩龙丑闻给我们的教训就是权力产生腐败。因此，不论公司大小，其掌权负责人理应对腐败和正确行为之间的微妙界线有清醒的认识。一旦逾越了这条界线，不管越线多么小，整个体系都会跟随着你越线。

企业监管极为重要。国际著名独立审计机构普华永道（Price Waterhouse Coopers）的全球总裁赛谬尔·A·帝比萨（Samuel A DiPiazza）2004 年二月 29 日在亚洲新闻台"议程"节目上指出，企业监管源自执行总裁和董事局成员们的选择程序。俗话说："上了高尔夫球场就不再选择关键人物。"在同一节目上，毕马威国际会计公司（KPMG International）的主席迈克尔·瑞克（Michael Rake）也谈到公司文化是需要改变的时候了。因为太多的权力被赋予在一个人身上。因此他主张应把主席和总裁的职务分离开来。

另一方面，我们要小心太多象萨班斯·奥克斯利法例（Sabanes-Oxley Acts）这样的立法确实会毁掉摇钱树。官僚主义不应抬起丑陋的脑袋阻止正常的商业运作。这需要保持正确的平衡。

腐败就像感染爱之病一样。在面对它们时，你必须下决心别落入陷阱中。如果你立志凭良心和道德做生意的话，就不会对腐败低头。即使当只要隐瞒某些信息或撒谎就能赚取几百万的机会摆在你的面前时，你也不会对此有丝毫动心。所谓"平生不做亏心事，半夜不怕鬼敲门"，你大可不必为怎样从腐败行为的泥潭中解脱出来而烦恼。对已经陷入腐败泥潭中的，奉劝你们"苦海无涯，回头是岸"。而那些还没有涉足其中的，应悬崖勒马，立刻打消尝试的念头。腐败是犯罪行为。一旦你犯下这桩罪，你的前途就全毁了。

人

原则 14

人——事关生死存亡

所有盈利及业务表现优秀的公司都不约而同地有一个共同的信念，那就是他们的核心资产是有知识、有技术和有经验的人员。尽可能扩大这些核心资产的价值是通往成功的关键。这要通过合适的策略来获得、保持、权衡、管理及影响人员的实力。然而，并不是所有人都是公司的重要资产。只有能给公司带来生机和活力的"好"人才是核心资产。而"坏"人却意味着死亡和麻烦，只能是公司的包袱。

竞争对手可以在核心能力方面赶上来，也能恰如其分地用在基准和重组上。可是只有献身事业的人才能不断产生具有创造性和激动人心的新点子来使公司彻底改造自身，规划自我更新的程序以及培养成一个真正学习进取的机构。但许多公司还不能运用正确的管理和领导策略激励和留住他们的职员。

相对公司里珍贵的资产而言，有创造性的人才大概是最不容易被发现的了。具有创造力的人往往被看成不守成规、难以琢磨、心无旁骛而难以管教。许多公司里满是墨守成规、人云亦云、不求有功，但求无过的人。这种沉闷机构里的沮丧氛围和种种限制把有创造性的人才给赶走了。这其实是机构的损失。摆在所有领导人面前的重大挑战是如何吸引、发展及留住标新立异的人才。这就要在本质上创造一个高度自由且能鼓励新颖点子的产生的良好环境。

很多公司的执行总裁常常鼓吹人是他们最重要的资产。然而他们的管理行动却与他们的花言巧语背道而驰。大量事例证明一旦公司出现财务困难，执行总裁所做的第一件事就是缩小公司规模及裁员。同时，培训和发展的运作经费也大幅削减。职员们也能明显看出管理层的言行不一。其实这些执行总裁全搞错了。他们应该严格要求业绩表现而宽以待人。

当理查德·布朗逊提名为他工作的人员是维京公司最重要的资产时，特别指出能为公司带来长期的无比的竞争优势的因素就是每一名具有创造天赋的职员。他坚信任何公司里忠实的职员能带来忠实的客户，进而让股东们皆大欢喜。

在 1993 年，布朗逊为英国主管协会发表了一番演讲。听众们本来预期的是一场轻松愉快的演讲。事实上，他的开场白却是："让我和大家分享维京公司经验背后的哲学。我们最基本的原则是'人至关紧要'。"

当被问及维京成功的关键因素时，布朗逊回答说："我绝对肯定这事关你有什么样的人以及你是如何激励他们的。我肯定这就是公司成功之道。如果你能激励你的人员，你就能和他们同甘共苦。反之，如果你不这么做，你的公司就注定不会有优秀的业绩表现。我发现我花大量的时间专注于如何激发职员的动力……维京管理层的哲学之一就是建立在每个人都是公司的首要人物这一基本信念上的。

沃尔玛零售连锁公司（Walmart）的奠基者山姆·沃尔顿（Sam Walton）在股东大会上花五个小时逐一感谢五千名作出卓越成绩的职员。随后，他又邀请这些职员到他家中作客。宝洁公司把麾下的职员当成家庭成员。所有这些顶尖成功公司都真心认可他们的职员为公司的成功所作出的贡献。

理查德·博尔顿等人（Boulton, Richard E S et al）指出："1978年，95％的市场价值体现在账本上面。但十年后，这个百分比降到了 28％。如今，据估计 80％的股票价值已经不再代表体现在会计收支平衡表上的有形资产，而是代表着人力资源、品牌、知识及关系等无形资产。

和公司有关的事情总围绕着"什么"及"如何"而不是"谁"。即使全部策略和资源都正确，但如果没有用对人，这一切也都是徒劳。要想在外面取得成功，先必须有人为你从内部打好成功的基础。

原则 15

人为金钱努力工作，为理想而献身。

经过适当的鼓励，绝大多数人会为金钱努力工作。虽然更多钱能提高职员们的工作热情，但这却不是决定性因素。有关"不需要工作热情，只要有优秀的职员和高薪就行"的想法是非常荒诞的。优秀的职员和高薪固然重要，但一个人人追求的理想却是掀起高昂的工作激情不可或缺的根本。尽管理想无关金钱，但能激励职员们从中得到他们梦寐以求的东西。一个人如果不是在追求一个伟大而有价值的梦想，他也不会一直有一群忠实的跟随者的。

因此公司需要让其职员们有一个更深刻的生活意义和目标以发挥他们最大的潜能。当职员们发现为一个有意义的目标而工作时，他们的工作积极性就会被调动起来，甚至愿意为这目标而牺牲一切。在过去漫长的岁月里，不管是在宗教、政治还是社会层面，人类已经证明了为信仰和理想不惜牺牲生命的固有本能。优秀企业之所以出类拔萃就在于他们善于号召人们去追求崇高的理想。而理想所产生的巨大力量甚至可能推动一场改革运动。

生于印度的 Hotmail 公司创始人沙比尔·巴提亚（Sabeer Bhatia）白手起家刚开始创建 Hotmail 时就只有这个理想，甚至无法给他的职员们发工资。尽管如此，仍有大批人不断加入，只因为他们相信他的计划和互联网的潜力，而不是冲着金钱。时至今日，Hotmail 的巨大成功成全了当初跟随沙比尔的人们，并回馈给他们巨额财富。沙比尔·巴提亚凭借着人们信徒式的热忱，成功地把握并引导追随者们的无私奉献去实现自己的理想。

如果把改善生活质量，为进一步优化人类作贡献等美好的愿望当成人们的工作目标，将会产生戏剧性的效果。ABB 布朗·波维尼公司的前主席巴尼维克曾说，他受到开创一个更美好世界的愿望的驱使而雇用人们通过使用洁净的能源和交通工具来使地球变得更适合生活居住。

同样，对布朗森而言，他的公司中一个很重要的概念则是关怀社会。在许多场合，他不惜重金履行他的诺言。比如，维京公司为响应抵抗爱之病危机而生产廉价的梅兹牌安全套。他也曾经竞标英国国家彩票发售特许权，为的是将所得盈利捐赠给慈善机构。BP 英国石油公司的执行总裁大卫·赛门曾指出环保是一项重要的企业文化价值所在："我们有一项由五万名 BP 职员参与的行动计划。他们的行动给整个世界及其子女们带来希望。"连一些环保主义者也不得不承认，在认真对抗全球温室效应的众多跨国公司当中，BP 一直走在最前头。美体小铺（The Body Shop）的创始人安妮塔·罗迪克（Anita Roddick）同样在尊重大自然、动物、人类和职员的基础上成功建立起自己的事业。

当你的职员坚定不移地相信公司理想时，他们会工作得更出色。

原则 16

胆固醇象职员一样分为两大类：低密脂蛋白（LDL）相当于官能障碍的职员而高密脂蛋白（HDL）则是能收拾由 LDL 留下的烂摊子的好胆固醇。

人体需要一定的胆固醇来维持正常的机能运作。人们发现胆固醇存在于各细胞内，有助于体内脂肪的运输。胆固醇按其效果可分为两大类，即"好"胆固醇，又称高密脂蛋白或 HDL，以及"坏"胆固醇，即低密脂蛋白或 LDL。与此相类似的是，在每个公司机构里面都有两类雇员，分别是"坏胆固醇"的雇员和"好胆固醇"的雇员。第一类"坏胆固醇"的雇员没有自发主动精神。他们需要在外界环境压力的驱使下被迫地完成某些特定的目标。我们知道，坏胆固醇能增加罹患心脏病和中风的危险。这是因为过多坏胆固醇会逐渐阻塞供给心脏和大脑营养的大动脉，最终导致维系生命的血液、氧气和养分的供给中断。

对企业而言，心脏病就是公司在某一天醒来时发现自己失去了所有的竞争力。中风或心脏病是突然而没有预警的，通常会给受害者以致命的打击。

"好胆固醇"雇员本质上从内在自身获得动力。他们睿智、具有高度成就感并且对既定目标采取主动和负责任的态度。即使外界环境恶劣及对行动不利，他们也会不屈不挠地达到目标。"好"胆固醇可把"坏"胆固醇从动脉带回人体内专门进行物质转换的肝脏从而有效改善动脉里的阻塞情况。

"好胆固醇"雇员具有极高的内部能量，或者说，具有即便遇到外部困难时也能勇往直前的"气"。没有建立起一个理想的公司文化的危险在于这不仅不能激励"坏胆固醇"雇员完成特定的公司目标，甚至会阻止"好胆固醇"雇员发挥作用或使他们失去工作动力。

要长久留住好胆固醇的方法之一是要在最初阶段就确保招募到的为优良的基因以及有正确的复制系统。这就是为什么比尔·盖茨要为微软招收具有高度自发性的且顶尖聪明的新大学毕业生了。因为这是"好胆固醇"人员主要的来源。他还为这些人创造良好的环境让他们发展壮大。因为当一定数量的"好胆固醇"雇员一起工作，他们会分享彼此的知识，互相鼓舞，交流经验，从而迅速地提升能量"气"的级别。与之相应的，"坏胆固醇"雇员的贡献度被带动起来而使整个公司充满生机和活力。

发展好胆固醇的另一个好方法是培训和锻炼。有些人不能把他们的工作做好只因为他们缺乏针对性的培训。良好的培训发展计划就像锻炼身体一样可以增加"好胆固醇"雇员并减少官能障碍人员。要进一步鼓励"好胆固醇"取得好成绩，职员激励计划还应配合明确一致的雇员奖惩制度。

深入了解"好、坏胆固醇"雇员的实情及其功效可帮你照顾好公司的健康并预防公司患上心脏病和中风。

原则 17

只有不跟魔鬼同床共枕，才能避免恶梦。

因为公司和错误的合作伙伴结盟导致业务失败。许多婚姻法则也同样适用于寻找公司合作伙伴上。对婚姻而言，选择不合适的配偶肯定要付出昂贵的代价，不但让生活一团糟，而且还会耗尽感情。随便和一个人上床当然很容易。但如果带来严重后果时，想要分手就要付出惨痛的代价。千万不要与狼共舞。否则被活生生地吃掉，你还不知道发生了什么事。市场就像原始森林。一不小心，你就可能成为竞争对手甚至合作伙伴的果腹佳肴。选择一个合适的合作伙伴的基本指导思想是用你的头脑，而不是心，去作决定。

如果你不幸和错误的合作伙伴结盟，那不管当时环境多么有利，你也注定要失败。困难时期和危机总会对任何伙伴关系和联盟造成打击。如果一开始就不能建立可持久的关系，那就肯定不能经得住时间的考验。在与任何合伙人建立关系之前都要做足准备工作，包括检查对方过去的经验和成绩，特别是和业务伙伴做生意的记录。往往一封靠得住的介绍信、一个好的介绍人和确实的品格检查会在以后的阶段帮你省掉大量令人头痛的麻烦。这总好过到头来才绝望地发现原来和你同床共枕的并不是你理想的配偶。

同样，策略联盟也可以对业务产生深刻的影响。为避免牵扯到拖欠付款、法律诉讼及争议等问题，在一开始就要谨慎，不跟业界的所谓"害群之马"做生意。因为这些"害群之马"在业界的名声很臭，很容易就能把他们确认出来。在与任何伙伴达成合作协议之前，要花些功夫和费用，仔细检查你的业务合伙人、顾客及供应商。和魔鬼同床共枕的唯一结果只能是恶梦不断。

许多业务失败的首要原因却在于错误的合作伙伴及策略联盟。比如，在新加坡的建筑行业，许多转包商失败的原因就是和有问题的主要承包商及犯错误的业主做生意所致。明智的做法是远离这些危险的生意。因为一旦你涉及其中，不但不能收回款项，而且可能面对反向收费、清算以及其它一些间接损失。所以签这种最终会让你付出沉重代价的合约对你的业务而言根本没有意义。相反，如果不签这种合约还可以让你避免陷入严重头痛和其它痛苦的困境。然而，说的容易做起来难。在做生意的过程中，经常会有来自股东的内部压力，必须按他们的要求不得不考虑接下工程项目。另外，销售人员只顾销售成绩的观念已经根深蒂固。如果告诉他们不必到处拉生意，他们肯定会非常失望。

在中国的许多合资企业的失败则要归咎于与错误的参股伙伴合作。通常是当地的伙伴提供土地、工厂和当地的劳动力资源，而外国伙伴则提供资金来源和专家技术。问题就在于维持一个合作伙伴关系的正常运作仅仅是这些有形的贡献并不足够，还需要彼此之间相处和睦、理解对方文化并能求同存异以及有勇气经历生意场上的挑战带来的起落。

在家族业务中，聘用你自己的家庭成员可能使事情复杂化并引起他人质疑。如果你雇用你的女婿或儿媳，你就要解释很多麻烦的问题。有些业务中，老板甚至聘用他们自己的情人当雇员。这样做毫无疑问会在公司中播下不和谐、争端及麻烦的种子。

日本人在达成业务关系之前会花大量的时间和他们的业务伙伴彼此间建立和谐与理解。其目的是培养所谓的"默契"。当业务达成这种结盟时，一旦有一天危机来袭双方也能携手共渡难关。就像婚姻一样，如果一开始夫妇间的关系就存在裂痕，那么以后碰到压力时他们就不能一起理性地解决问题而导致最终关系的破裂。

成功地维持业务关系的底线是小心而明智地选择你的合作伙伴。和你的业务伙伴亲密无间地合作不论在情绪上还是在身体上都是一项繁重的工作。不要玩火自焚，也不要和魔鬼有什么关系，除非你希望得到无穷无尽的恶梦。

人才管理

原则 18

人才管理的作用就象肾脏一样，聘用优秀人才而解雇有害人员。

在人体器官当中，两个肾脏发挥着至关重要的作用。其功能是清洁血液里的毒素并保持化学平衡。肾脏可谓人体内复杂精密的再加工工厂，在加工血液时能排出废物和多余的水分。与之相对应的，一个良好的人才管理体系能聘用并留住优秀人才而开除无用的人员。

良好的管理并不只是雇用正确的人员去做正确的工作。这在困难时期当职员经费被大量削减时尤其重要。一支强有力的管理队伍必须训练有素且有洞察力去发现公司里无用的人员，随即能够采取坚定的行动开除他们。公司的蛀虫多半是被体系保护起来的经理主管人员。因为他们的资历和工作有保障而使他们游手好闲，进而工作业绩也原地踏步。这种人员既没有积极和生产性的贡献，也不能给公司增加价值。多数经理插入最困难的任务是解雇职员，特别是那些一起紧密工作多年的同事。通常你还没开除的是那些让你生活痛苦不堪的人。

在许多机构里，有权力的决策者高高在上。机构的当务之急变成由应声虫来开疆扩土。公司内部却演变成利用权力勾心斗角，阴谋争夺地位和职权的场所。而持有不同意见的优秀人员则受到压制和排挤。

人才管理机制中，执行总裁必须寻找超过他自己以及更有能力的人才。聪明的总裁会任用适当的人选，也就是在某些方面的能力比自己强并能完成自己所不能完成的任务的人。只有这样，他才可以在机构里延伸"手脚"去更有效率地办事。

这个哲学是由杰克·威尔齐提出的。他觉得聪明人会聘用聪明人。他解释说："每当你聘用一个不如你的人，你就失去了一次机会。因为如果你能得到所有问题的答案，那该死的还要其他人干吗。"通用电器公司的核心能力是人的发展，而威尔齐留下的最大遗产则是把通用电器改造成世界顶尖公司领导人的训练基地。比如，他的另外两名候选人罗伯特·纳德利（Robert Nardelli）和詹姆斯·麦克纳尼（James McNerney）没得到威尔齐的工作，而是离开通用电器后分别当上家居货栈（The Home Depot）和3M公司的执行总裁。

聘用正确的人员需要在招聘者具有卓越的技巧。有时即使有良好的评估机制并在招聘时尽了力，但雇主仍然可能请错人。这种情况下你要么设法挽回局面，要么听之任之，或者开除雇员而重新开始整个招聘程序。

然而在缺乏人力预算的情况下，你不能奢望捎上一无是处的职员。开除错误招聘的人员也许是必要的。杰克·威尔齐并不认为精简和裁退不合格的人员有什么错。对他而言，裁退和精简行动是绝对有必要的。不在现在开除已经成为失败业务一部分的工人反而比留住他们直到五十多岁仍然工作还要无情。自我实现的威尔齐也是实用主义的威尔齐把这些决策看成是构成事业大厦不可或缺的砖瓦。"这就是生意。"通用电器的主席补充道。他从另一个角度解释道:"我认为能对别人做出的最残酷的事就是给他们虚假的好评……那叫假仁假义。免职永远不应感到吃惊。"

另一方面,对机构来说,如何挽留你希望得到的人员也是一个非常关键的事情。关键和有才华的人员离开会造成经验、知识及策略贯彻连贯性方面的损失。公司与其耗费珍贵的资源从竞争者那里招募新的人才,还不如留住现有的人才。

原则 19

如果你发现高杆顶端有只老鼠,一定是有人放上去的。

有问题的公司通常是由于不合格的管理所导致的。上层的腐败会逐渐向下蔓延,因为他们会聘用不合格的下属。一名优秀的领导人必须确保把适当的人员用在适当的位置或运用良好的人才管理机制。然后,其它业务就能很好地运作。

管理失败、市场份额损失、坏帐及低劣的财务管理都是不合格的总裁通常的表现。不合格的总裁常常聘用一些不合格的经理。他们缺少必要的专门知识、敏锐的商业判断力和维持公司运作的技巧。在现今瞬息万变的商业世界中,这些缺陷会导致不合时宜的决策及减少公司发展壮大的契机。

有规律地轮换职位和管理岗位对公司而言是有益处的。这不但可使人员轮班接受新挑战和处理不同的文件,而且会提出前任所看不到的新看法。这也是鉴别领导人的好办法。埃克森•美孚石油公司(Exxon-Mobil)有一个执行经理发展计划。职员每两、三年轮换一次职位。工程师要当财务分析员,而经济学家则变成后勤经理、电脑分析员,等等。通过这样的轮班制,职员们为更高的职位和更大的责任作好准备。

企业转机专家彼特•图尔特洛(Peter Tourtellot)多年前曾指出,公司趋向提升应声虫为干部,并把他们放到更高的职位上去。这是因为上级管理人员喜欢听到公司一切运作都上了正轨。这种被上级默许的招聘方式成为机构的一部分长达数年,直到这些应声虫被擢升到他们所不能胜任的级别。这时,应声虫们因害怕失去自己的工作而变得更不喜欢听到对公司领导层有建设性的批评。公司领袖如果希望得到更均衡的见解,就应该聘用具有不同观点的人员。

令多数公司苦恼的弱点是彼此类似的经理组成的队伍在掌舵。康柏公司(Compaq)的顶级经理中,许多来自德州仪器公司(Texas Instruments)和火石天然橡胶公司(Firestone)的经理们简直就象一个模子里铸出来的一样。出现千篇一律的现象并非偶然,而是因为这些经理们是只生产标准产品的管理层筛选和擢升程序的产物。这剥夺了公司渴望得到的多视角和能对市场变化作出有效反应的催化剂。

双方一致同意的决定会使工作进行得格外顺利,只要保证有充足的时间来下这个"正确"的决定。但问题是正确的决定往往下得太迟以致变成了错误的。要作出让双方一致同意的决定经常要如履薄冰。

在公司里,应声虫倾向于取悦管理高层。然而,他们通常会被擢升到不能胜任的级别。为保住他们的饭碗,他们不喜欢接受批评和反对意见。这就是为什么管理高层应鼓励人们提出不同见解,尤其当这些见解有合理的事实作为依据时。

为防止老鼠爬上高杆顶端，管理高层应该依照规章制度开除公司里的"蛀虫"。如果你要预防瘟疫流行，很重要的一点就是要定期进行大扫除，把工作场所里的可能的"死老鼠"和活的一并清除掉。良好的管理不仅意味着招聘正确的人才，也要能够开除错误的人员。这才是良好的人才管理机制。

阶段 2：诊断

承认

原则 20

迈向健康的第一步是承认自己生病，需要治疗。

迈向良好健康的第一步是承认病痛的存在使得浑身不适。很多方面公司转机经理所做的工作和内科医师的很相似。第一步总是在试图开出正确的药之前先诊断公司这个病人的病情。没有正确的诊断就开处方是玩忽职守的行为。

刚开始时至关重要的是先确认你站对了地方。要学习任何技能都必须迈出那关键的第一步。如果你想学游泳，你必须迈出第一步跳进水里。要想学跳伞，就必须迈出第一步跳出飞机。你可以学习和背诵全部有关游泳、跳伞或其它任何技能的全部理论知识，但只要你不迈出实践的第一步，你是永远不会真正学会这种技能的。讽刺的是，这第一步却总被发现是所有冒险活动中最困难的一步。因为这一步迈出去就意味着踏进了未知的领域和不可预测的水中。不论是承认自己健康状况不良的第一步，还是学习一项新技能的第一步，这第一步是最有回报的一步。

诊断公司的健康状况却不是直截了当的。其中还要涉及到许多性质上的因素。管理层还常常跟你玩否定和欺骗的游戏。对公司即将发生的问题通常会有充足的预警信号或症状，如大量优秀职员损耗、品牌价值减少等等。然而管理层也许自我否定或不想公开公司出现困难的消息。承认失败可能将他们暴露在公司董事会、股东和同僚的批评下。不幸的是，这么做耽误了在早期表现不佳的阶段就实施关键的补救行动的最佳时机。迅速采取行动可能显著改善公司进退两难的窘境及增加生存机会。

提到否定和欺骗，就让我们想起前伊拉克情报部长穆罕默德•萨伊德•阿沙哈夫（Muhammed Saeed al-Sahaf）。他对美伊战争的真实结果作出滑稽而失真的评论："在巴格达的附近没有美军。从来没有……他们要不就要投降，要不就被烧死在他们的坦克里……是谁取得控制权？他们没有控制任何东西——他们甚至不能控制自己……我担保巴格达受到保护，是安全的。"就在他发表这番话时，美军实际上已经在巴格达机场着陆，而几天后巴格达就被联军给占领了。

有些生病公司玩着另一场"不知道和不关心"的游戏。这是无知和冷漠。和照顾身体健康一样，这些公司因为不知所措和疏忽而得病。他们的"事不关己，高高挂起"的态度有可能是由于被政治转移注意力，被新收购迷惑或兴趣集中在错误的策略上。这些可能误导管理层不去实行对公司有利的行动。结果导致公司大厦倒塌，成为一片废墟。

承认生了病的公司需要治疗之后，有时受困扰的管理层可能只注视着症状而非寻找病源。在这个节骨眼上，进一步探查以下主要问题会有所助益：

公司和法律、银行、债权人之间有麻烦吗?

现金流动的情况如何?

公司到了要被卖掉的地步了吗?

公司能否有转机?

公司是否应该关门大吉?

一旦这些主要问题确定之后，转机经理就要在作出适当治疗的决定之前展开有关财务、市场行销、公司运作等等更深层的探究行动。

只有在认准病痛的确切位置之后才能正确施药。

原则 21

"吃的不好怪父母，生意不好怪政府"是错误的。

在新加坡的咖啡店里有时可以听到一些生意人抱怨："吃的不好怪父母，生意不好怪政府"。这种错误的看法不仅不正确，还会给解决问题带来错误的开端。互相羞辱和指责是无理的。要为自己的所作所为负责。

世界上很多麻烦的引发就是由于人们为自己的不幸责怪他人。当罪犯因谋杀被关进监狱时，他们归咎于他们在孩童时期受虐待导致长大后对社会仇恨。青少年染上毒瘾却责怪是他们的父母离婚把他们变成违法者。人们长胖就去控告麦当劳出售脂肪含量很高的汉堡包。怪不得我们加速造就了一个好争吵的社会。在一九九八年亚洲金融危机期间，一些马来西亚人不是指责国际货币基金组织就是抱怨危机"都是马哈迪惹的祸"。

推卸责任应从你这里结束！陷入困境的公司应为过去的所作所为而导致的悲惨境地承担起责任来。否则就没人负责，也不会有人承认自己的错误。每个行为都会导致积极或消极的结果。如果不认识到是怎么犯错的，就不可能从中吸取教训。

许多经理认为"公司健康"是个关于经济局势、竞争和客户行为的问题。但是他们忽略了企业文化、管理层这些关于自身内部的问题。就象身体健康一样，大多数人以为自己的健康状况是由基因来决定的，而没有多吃蔬菜以及经常运动。个人和公司的努力并不重要。这其实是一种错觉。我们必须为自己的身体健康和公司健康负责。

据发现，我们的行为以及情绪和精神面貌能影响到我们的身体健康。公司也应该为自己的健康负责。这可以通过培养每个人的责任感而取得成效。诚如作家罗伯特·H·舒勒（Robert H Schuller）曾经说过的："即便要如此，也取决于我自己。"

一旦你承认了问题所在并为自己的行动负起责任，所有的能量就能集中起来，被引导到积极和有建设性的补救方法上去。互相羞辱和指责或者沉湎于"舔自己的伤口"只会让能量白白耗尽。责怪别人的举动就象思想里的坏胆固醇一样，把我们引向复仇和消极论。另一方面，对一个好机构来说，没有什么比拥有一个坚实的责任体系而不是责怪体系更为有利了。

当一个人的承诺保证没适时履行时，他有义务作出补偿并处理因此发生的一系列后果。当这个信息清楚地传达给机构内每个人后，就要受到所有人的尊重。

业务领导人必须发展为具有很强责任感的人。他们必须为自己的决策负责，并晓得停止推卸责任。他们不仅知道怎样分配任务，而且必须确保他们的资深同事要负起相应的责任把这些任务有力有效的贯彻下去。他们必须交出好成绩。万一出了错，业务领导人也不能忙着找替罪羊或进行政治迫害来开脱自己的罪名。

以此向下类推，所有职员必须为他们的计划、承诺和行动负责。他们要根据这一年承诺的财政预算提交自己的成绩；要对客户履行自己的诺言；要为自己的行为承担起责任。

如果你承认犯的错误并努力改进，客户们其实一般是相当宽恕的。客户们知道没有一个供应商是完美的。最重要的是你能为任何错误负起责任，能改正错误，如有必要作出补偿而且确保问题不再重现。

原则 22

陷入危机的公司是一场恶梦。但即使醒来恶梦也不会消失。

当公司面对信用紧缩、负盈利、现金周转不灵以及收款困难时，危机能被很明显地确认出来。然而在危机全面爆发之前，将公司经营失败的管理层可能经历了四个危机发展阶段：隐藏或无知危机——高级管理层没注意到失败正在迫近的信号；否认和借口危机——搪塞危机并相信危机会自动消失而无需采取行动；财政和责备危机——采取象征性的"补漏"措施而没有实施大规模或激进的变化方案；破产或投降危机——表现出无能为力，似乎局面已经无法挽救。

需求是发明创造之母。经常需要危机才能激发新的首创精神及说服管理者采取激进的措施并接受平时可能不准备考虑的新方法。当一个人知道他只有一个月可活时，他的思想通常会变得格外集中。因为他只有有限的时间解决生命中未竟的事情。

一旦意识到开始有危机，公司就必需改变，就象那些生病垂死的病人一样。医学博士伊丽莎白·库布勒·萝丝（Elisabeth Kubler Ross）在她的经典著作《在死亡和垂死边缘》（On Death and Dying）中描述到，那些阶段从否认开始，发展过程经过愤怒，谈判，沮丧直至最后接受。

当股东或下属置疑公司最近的成绩，或者当银行家等债权人指出销售中令人烦扰的下滑状况时，隐藏或否认危机可能最先浮出水面。管理者例常的回答可能是："我们以前也见识过这个。只不过是经济小小打了一个嗝，而我们恰巧处于业务周期的低谷罢了。没问题，不必大惊小怪。"对于即将迫近的危机，普遍的反应是无知和无动于衷。

在财政危机期间，管理层的愤怒表现有时不过是一种防卫状态，尤其当批评的声浪增强的时候。谈判是管理层的最后一道纺纱，是其为重获控制权而作出的最后努力。这个阶段表现出变相的责怪。因为管理层企图采取的挽救措施超出了自己的手段范围，于是便将其归咎于经济不景气。公司总裁可能向银行寻求更多贷款或者干脆坐等一个白马骑士能将公司从必死的命运中拯救出来。

当谈判失败后，沮丧就接踵而来。债权人和银行家开始催款；接下来是客户、供应商及优秀职员的背叛。当破产阶段到来时，经理们开始接受命运，转而自暴自弃。在接受阶段，一个明显的标志是对必然的命运马上作好准备。此时，管理层不得不承认无力完成工作，并对令人不快的境况低头认输。他们要么被随便取代，要么就让公司陷入破产的进程。因此在这最后阶段，公司不是步入失败，便是被一支新的管理队伍成功挽救回来。

在现今市场中，危机四伏并会随时袭击公司。在 2004 年，没人能预见或预先采取措施应对沙斯的流行对亚洲经济毁灭性的打击。因为人们害怕被传染而避开公共场所并取消所有海外旅行计划，使得一些亚洲经济体几乎遭到灭顶之灾。一个良好的

44

危机管理机制的关键在于随时随地作好准备。亚洲各政府部门从 2004 年沙斯危机中学聪明了许多。虽然时不时仍听到个别感染沙斯的案例报告，但因为更有力的控制和更充分的准备，亚洲有效避免了其它重大灾害和危机。

时刻提高警惕，作好准备。因为危机随时可能发动袭击。

侦查
原则 23

成功转亏为盈的关键在于尽早干预。

如果发现得早，大多数的疾病，包括癌症和心脏病都比较容易治愈。同样的，如果问题能及早发现，大多数生病公司可以起死回生。当普通医疗手段无效时，生病公司就急需进入特护病房进行治疗。

不幸的是，出于否定、自负或纯粹无知，很多生病公司非到最后关头也不肯寻求协助。由于一些显而易见的原因，出了问题的业务通常会试图向其他人隐瞒自己的问题。这些原因包括债权人可能停止放贷，供应商可能停止补给，雇员可能跳槽等等。然而，象病人一样，生病公司需要寻求紧急援助。他们需要起用专业人士推动重组计划，并在一切都还来得及的时候面对严酷的现实。

就象人类的健康，由于疏忽而毁掉的生意比毁于其它任何原因的都多。这就是为什么定期检查对于预防出乎意料的健康问题是至关重要的了。及早发现，就可以及早进行适当的治疗。

传统的会计法，如资产负债表和盈亏帐目报告，只能记录公司在某一时期内可测的财政面貌。而且，公司真正的财政健康状况可以故意用会计学的无规律性来掩饰。恩龙和世通的财政丑闻就是很好的例子。当疾病已经明显地体现在公司帐目上，再对之采用修正行动来扭转形势可能为时已晚。一旦财会帐目亮起红灯，公司通常已经大量失血，甚至病入膏肓。能够侵犯公司健康的还有许多其它不能以数字衡量的财政因素，包括职员耗损率高、士气低落或执行总裁不称职。

对迫近的问题，通常会有大量预警征兆或症状。但这些信号却常常被刻意忽略或压制而导致危机的进攻令人措手不及。

及早发觉业务上的问题对保持公司成长、有效处理危机和遏制经济穷困是至关重要的。业务上的问题极少是突然出现的。大多数的情况是由于管理层很大程度上忽略或无法发现一系列财政、法律、操作上和策略上的过失或估计错误，并在相当长的一段时间内逐渐发展形成重大的业务问题。公司在走下坡路的一些显而易见的例子有持续营运损失、关键职员耗损过高、士气低落和市场占有率下降等。

通过留意预警信号先发制人地解决任何可能发生的问题是很重要的。中国古代医术大师扁鹊曾说："疾在腠理，汤熨之所及也；在肌肤，针石只所及也；在肠胃，火齐之所及也；在骨髓，司命之所属，无奈何也。……"意思是说，病在皮肤表面的时候，汤剂和熨敷就可以治疗它；在肌肤里的时候，用银针和石针就可以治疗它；在肠胃的时候，用汤药就可以治疗它；在骨髓的时候，是掌管命的神所管辖的地方，就无可奈何了。因此，俗话说："医术高手预防疾病于未然，普通医生留意迫近的疾病，而庸医只会治疗目前的疾病。"

原则 24

公司应作定期检查。

许多公司为他们的职员提供年度体检和医疗卫生保健福利，但却疏忽了对公司本身的体检。糟糕的管理层和财政情报系统因为管理层不能"看到危机来临"而备受责难。这是因为检查进行得太迟了。

公司应当把了解当前的健康水平作为定期保健检查的一部分。健康水平不但可以评估全球和本地经济界及政界的健康状况，而且评定工业特别指数和动态，以及有关公司的事情。问题是公司并不知道他们本身的健康状况，而只要一有麻烦就会采取一种"救火"的方式去解决。及早诊断总比验尸要好。

在经济方面，检查应对一些引领经济的指标作出评估，如国民生产总值（GDP）的增幅，消费者信心和股票市场的成长等等。政治稳定也是至关重要的。因为政治混乱会严重恶化经济和生意信心。

在工业方面，检查应包括回顾业务趋势，消费者开支，竞争及产品生命周期。

在公司层面，检查应揭示完整的公司盈亏、资产负债和现金流动状况。把财务比例用作关键业绩指标有助于确认当前和潜在的问题。应当及时回顾管理程序以确保公司不会冒太大风险和承受过重的财政负担。

通过这些健康检查，公司就能确定迫近的问题——也许表面上是发展过速或现金周转的问题——在本质上是否属于财政问题。而且，诸如欺诈、财政丑闻等的运作或管理问题可能也会涉及到。这些检查能让最高管理层对政治体制变更、政府交替或恐怖袭击等紧急情况作好准备。

一旦检查揭露了任何方面的弱点，公司就必须相应接受合适的治疗。此时，公司可能要采取某些财政改革的方式使自己复苏。如有必要，甚至可以征求转机专家的协助。因此，只是知道自己的健康状况是不够的，还必须采取适当的行动挽回局面。

你最近做了保健检查了吗？你量过你的体温了吗？

原则 25

知道折磨公司的病毒种类等于治好了一半。

就象一名合格的开业医生必需知晓得病的原因，一名合格的转机经理也必需知晓公司衰弱的原因。象人一样，公司永远都要面对各种病毒威胁他们的健康。有些病毒产生自内部，而有些则产生于外部。人体一直在和所有这些威胁作战以维持一种动态的健康平衡。同样的，如果一间机构能成功处理内部和外部问题，包括从营运中的小挫折到市场威胁，那么它就一定能享受长期的健康。

陷入困境的公司通常受到两种问题的攻击——内部和外部的病毒。

许多内部的病毒是由公司本身产生的，而且实际上处于公司的掌控范围内。这些病毒常常伴随糟糕的管理层和不良的财政体系而生。在这种病毒的猛烈攻击下，可能导致错误而不合时宜的生意决策、不良的财政管理和其他相关问题。就象医学上用手术清除内部的病毒一样，缩小规模、改组或作出变革有益于公司除去内部病毒。

转机经理协会（Turnaround Management Association，其成员的工作是援救出了问题的业务）的一组会员揭示，百分之二十二转机专家引证业务失败的原因是不断增加的竞争，而整整百分之五十八则完全归咎于不完善的管理决策制度。同样的，其他研究发现，是内部因素，而不是外部因素，导致了百分之九十公司失败。前主席而今的转机经理，彼得·图尔特洛自己解释说，一个最常见的误区是出了问题的公司从来不聆听他们的消费者的话。他也发现，可悲的是，大多数有问题的生意都缺少沟通。

商业新闻记者布鲁斯·G·柏斯纳（Bruce G Posner）引证了一些令管理层最尴尬的失误。"是什么害死了公司，"他说，"和资金不足、人才或信息的关系不大。其实这紧密关系到的是一些更基本的因素：最高层缺乏正确的判断力和良好的理解力。

外部病毒的本质是宏观的，而通常超出了公司掌控的范围。整个业界、市场甚或全国都可能遭受到同样的外部病毒的冲击。其攻势迅猛而且无声无息，往往在一开始还并不显得危险。外部病毒的例子包括经济放缓、科技和消费者行为的变更、政治混乱、自然灾害及恐怖袭击等等。

这种外部病毒更难清除和预防。有时即使拥有一支强有力的管理队伍也不足以与外部病毒相抗衡。因为公司文化不一定能很好地应付这些变化。比较有效的补救办法是培养一种强而健康的公司文化作为公司的免疫系统。

所以，对疾病最好的诊断方法是确认病毒，预测其潜在危害并趁还未对公司体系进行渗透、发起攻击和带来严重破坏时彻底根除这些病毒。

病根

原则 26

传统及对过去生意的假设可能就是生病公司中疾病的根源。

对一间有问题的公司而言，要谨慎挑战所有的"圣牛"——那些不可侵犯却陈旧的生意设想。在这些陈旧的"圣牛"中，很可能有一部分是基于以前不正确的理解和假设而导致公司陷入困境。

在如今瞬息万变的时代，策略失败往往是由于一个不正确的设想造成的。我们安慰自己：我们以前曾经成功渡过眼前的危机，所以这次也能再次渡过。我们还经常错误地认为这次的变化是暂时的，或者其冲击力有限而可以忽略不管。成功的经验已经在管理者的头脑中留下深深的烙印，形成了这样的主要观念："我们曾经成功过。过去每件事都进行得很顺利。所以这次也决不会失败。"这恰恰转变成他们最大的病根。于是，公司的盈利受到侵蚀而股价也一落千丈。

我们对自己身体出现的病痛也以同样的态度不当回事，只用一些简单的非处方药来治疗头痛或胃痛，却不注意可能带来的严重后果。有时这些病痛会演变成非常严重甚至致命的疾病，象胃癌或是心脏病或中风的先兆。在 2003 年爆发的沙斯疫病中，我们付出了高昂的生命代价。部分原因可归结于一些受感染的患者一开始对其症状不予考虑及其所采取的冷淡态度而导致沙斯疫病迅速传播开来。

许多陈旧过时的假设发生在不少著名的大型公司里。这些公司传统的"现金牛"——那些能为公司带来丰厚盈利的业务——已经变成了"圣牛"。这些业务在市场影响力变得不利时遭到灭顶之灾。于是，最终便成为"祭祀牛"或"疯牛"。

所谓专家作出的某些错误的业务假设和理解一次又一次地引导众多公司误入歧途。比如，数字器材公司（Digital Equipment）的总裁肯·奥尔森（Ken Olson）在 1977 年说道："任何一个人都没理由想要在他（她）家里有台电脑。"IBM 的主席约翰·阿克斯（John Akers）在 1983 年补充道："全世界电脑的市场大约只有 27 万 5 千台。"因为这些不正确的假设和理解，怪不得数字器材和 IBM 迟迟没有进入个人电脑市场。

加里·哈默尔（Gary Hamel）曾经说道："我所坚信的一件事是：不管创造未来的事是什么，只要你想知道，你就一定能知道。据此，不管微软想知道什么，它就会知道；不管 CNN（美国有线新闻网络）想知道什么，它就会知道。举个例子。为什么是 CNN 而不是 BBC（英国广播公司）开创了全球新闻网络？我不认为这是因为 CNN 能掐会算，也不会是因为他们不知从哪里请到些神通广大的策划人能看到 BBC 所不能看到的。创建 CNN 的所有要素完全都是显而易见的。我们可以看到有线电视侵蚀了传统广播公司的垄断局面。我们也可以看到有了卫星科技，随时派遣一支新闻小组到世界任何一个角落并即时向外发送信息就成为可能。任何人，只要愿意挑战自己固有的假设，就能看到这些。

迈克尔·戴尔（Michael Dell）相信永远不要满足于现状，即使这意味着需要痛苦的变更并使他的名誉受损。成功是花五秒钟向赞扬致意，之后再花上五个小时作事后检讨怎样才能做得更好。对戴尔来说，庆祝会滋生安逸满足。他曾经拒绝在公司大厅中摆放他本人的塑像。因为"博物馆只能回顾过去"。 迈克尔·戴尔说："用一个毫微秒庆祝吧。然后继续前进。"

因此，在一帆风顺和成功的时候，公司播下失败和傲慢的种子。经理们在竞争情势发生变化时仍然沉溺于过往成功的规则而拒绝改变。有问题的公司要确保成功有效地执行新的措施，就必须用批判的眼光重新调查和检验以前对业务作出的每一条设想。

原则 27

了解你的竞争者和顾客只能治疗症状。了解市场才能消除病根。

伟大的军事家孙子在《孙子兵法》中提到："知己知彼，百战不殆。"虽然了解你的竞争对手很重要，但不能因此而以忽略客户作为代价。仅仅了解竞争对手就象在赛车时只顾盯着身旁竞争对手的车子。如果赛车手的目光完全被竞争对手所吸引而没有注意到前方的道路，就有可能遭遇危险。

血气方刚的经理们拥有健康的竞争意识。然而当竞争里的敌对意识增强变成仇恨时，竞争对手就成为敌人，而公司则会被引入陷阱。苹果电脑公司（Apple Computer）视 IBM 为邪恶帝国。后者代表的任何事物都被苹果电脑的雇员所痛恨，象一致性、官僚主义乃至无趣的灰色机箱。不禁让人回想到在 1984 年奥运会上苹果电脑那奥威尔主义色彩浓厚、为达到宣传目的不惜篡改与歪曲事实的广告。就连在座右铭上，苹果电脑（其座右铭是"思异"，think different）也要和 IBM 的口号相抵触（座右铭为"思索"，think）。苹果电脑的"反 IBM"情结可能使其雇员没有注意到微软引起的威胁。无独有偶，在六十年代美国汽车制造工业中，通用汽车（General Motors）、克莱斯勒（Chrysler）、福特汽车（Ford Motor）彼此间虎视眈眈，恨不得把对方置于死地。然而，他们完全忘记要保护他们的小型汽车市场这块地盘，以致让日本汽车公司钻了空子，并接管了这部分市场份额。

了解客户目前的需求同样也只是治疗症状而非疾病本身。如今的消费者越来越苛求，特别对他们有价值的东西就更想得寸进尺。如果他们注重价格，他们会想得到更低的价格；如果他们注重采购省时方便，他们会要求采购变得更容易快捷。要是为了百分之百迎合消费者的要求，大多数公司会把自己的内裤都赔进去，而且所有产品都会因竞争变得平民化和不值钱。因此，如果只按照当前消费者的要求去做，公司的努力只可能起暂时的效果，并不能维持公司业务长期增长。因为这么做无法保证收益性、优化资源分布和把握机会。

为确保生意充满活力和长期持续稳定的增长，公司必须针对当前和未来的发展抢先消费者和竞争对手一步，努力推动市场，创造需求。3M 公司的报事贴（Post It notes）如今成为办公室中最常用的办公用品之一。可当初却不是在任何人的要求下产生的。微软的视窗操作系统也不是源自消费者的要求或竞争对手的威胁，而是出自先见之明。

在 1980 年泰德·吞纳（Ted Turner）创建 CNN 时受到美国电视业界其他有经验的老手的奚落，其中包括 CBS（美国哥伦比亚广播公司）、NBC（美国国家广播公司）和 ABC（美国广播公司）。然而，后者却因为没有人要求全天二十四小时即时新闻服务而失去开发这一市场的良机。我们这个时代其他伟大的发明还有个人电脑、喷气客机和互联网等等。这些都是在没有任何消费者或竞争对手预见的情况下发明出来的。

仅仅了解客户和竞争者只不过是在治疗症状。而如果你只是治疗症状，那么就不太可能有什么效果，即使有也只会是暂时的。为确保长期繁荣，很重要的一点是要针对病源，即由市场导致的负面结果施治。所以，最好了解市场并正视任何潜在的问题。否则它可能会毁了你。

步骤

原则 28

要了解疾病，先要学作病人。

有句西班牙老话说："要当一名斗牛士，必须先学会做一头牛。"同样道理，如果你想成为一名好渔夫，就要象鱼一样思考。这样你才能明白鱼儿通常喜欢躲在哪里，从而在正确的地点放下鱼线或张开鱼网。而在医学界，学习疾病最好的办法是学做一名病人。所谓"久病成良医"，病人通常都非常清楚折磨自己的疾病。而且除了研究这种疾病，他也会努力找出一种能治愈疾病的良方。因为他自己正处在疾病的煎熬之中。

处于商业环境中的经理必须脚踏实地——和各种各样的人沟通互动，其中包括公司职员、供应商、消费者、业务伙伴、甚至竞争对手。通过这样多元的渠道，他才能掌握更多业界信息，从而更好地感受市场。经理不能在真空中操作，而必须为合理的决策和及时的行动作好全面充分的准备。这些准备工作不但能挽回颓势，甚至有助于在将来取得更好的发展。这就是为什么对于一名经理来说最不应该待的地方是他装有空调的办公室。在那里，他与现实世界及市场动向的联系都被切断了。

IBM 转机总裁卢·葛斯纳在任内是 IBM 最勤奋的行销人员。他飞行数千英里的路程去拜访重要客户和挖掘潜在的顾客。他的方式向所有雇员发出了一个明确的信息，即亲历亲为。也同时创造了一个崭新的 IBM 形象。因和市场保持紧密联系，葛斯纳能够作出正确决策，成功将 IBM 从重重危机中拯救出来。

伟大的军事家孙子提倡一种深入细致，无孔不入的策略。他在《孙子兵法·用间篇》中提到"凡军之所欲击，城之所欲攻，人之所欲杀，必先知其守将、左右、谒者、门者、舍人之姓名，令吾间必索知之。"意思是：对于我要去袭击的军队，要去攻打的城市，要去刺杀的人物，必须事得知其戍卫的将领、麾下的官员、传达员、看门人、保镖的姓名。我要求我的间谍务必得到所有这些有关的细节。

一名从未到外面去看看真正的机器并和技术人员一起工作的设计工程师；一名从未用过在线服务或在银行排队的银行家；一名从未驾过出租车而只开自己的车的出租车业主；一名从未下过厨房的餐馆业主——这些人不会明白顾客的需要和职员所碰到的问题，更别指望能相应作出最佳决策。

许多经理一旦在公司遇到财政困难时，不去了解实际情况，而只会责怪别人和开除手下的职员。这其实无法解决任何问题。因为他们不了解真正的原因所在。相反，这些草率的决定只能使局面变得更加糟糕。在没有完全理解所发生的实际情况就冲动地付诸行动就象给病人错误的药一样，会导致更深的伤害而病情却没有得到控制。

只有在拥有第一手实际资料的情况下，才能作出正确有益的决定。资深经理，特别是那些在财政、会计、人事和法律部门肩负行政职责的经理，往往不和客户直接见面。通过把问题曝光给这些做幕后支持工作的职员，能极大地帮助他们理解处于销售和操作等一线作业的职员所面临的问题。这么做可以培养一线作业职员和后方支援职员之间和睦与相互合作的精神。

因此，要脚踏实地，别怕把鞋子弄湿。

原则 29

人们往往是做你会去检查的事而不是你所期望的事。

期望设定标准的高度，但只有定期检查才可以重新设定标准以确保其可行性。普遍的观念是被衡量的东西就会被执行。这就是为什么关键业绩指标是很有用的。它们被用来告诉管理层业务的哪些方面正按照预定目标运行，而哪些方面没有。它们可被看成是处步的诊断工具，让管理层找出有待提高的地方。此外，关键业绩指标还为财政和会计信息赋予额外的新含意，从而给公司的业绩提供一个全面快捷的概观。

从理论上说，如果你需要经常地检查、监督和管理你的职员，那么你可能雇用了不适当的人选。而在现实当中，得到足够的合适人员很困难。所以检查还是必要的。

公司所用的关键业绩指标可以包括财政和运作上的参数。财政比率是从财政和会计报表中得来的常见准绳。运作参数包括了更广泛的标准，例如质量目标、废品率、生产目标以及工作表现等等。

大多数公司用预算程序作为公式来阐明关键业绩指标。可问题是预算中的关键业绩指标被人为地夸大而成为"管理"目标。按理说，有关人员应脚踏实地实现这些目标。但他们却不对结果负责。这导致预算程序实际上变得没有成效并浪费了时间。然而，讽刺的是许多公司往往花上大量的资源和数月的准备时间制定年度预算。

优秀的公司注重多方位的衡量。这些公司与职员们分享关于关键业绩指标的信息，让他们明白公司的目标，并为实现这些目标而尽责。这些优秀的公司让他们的职员觉得有义务完成指标。即使被夸大了，也必须是可完成的。关键业绩指标要定期跟踪和监控。公司要定期回顾和修正策略，确保与不断变化的市场同步。

"胡萝卜加大棒"的政策应伴随着检查以确保对职员们奖惩分明。如果职员们不能完成他们的目标，就要询问清楚这到底是因为缺乏正确的培训或足够的动力还是不切实际的目标。这就是为什么目标需要尽可能地检查和衡量的原因。

原则 30

生活很简单。而对生意来说，越简单越好。

如果在生活中有一条指导格言，那就是简单至上。这条原则应主导生活中所有的方面，包括语言、想法到做生意和制定策略。但讽刺的是大多数人却被复杂所诱惑，以为如果付出的努力太简单就要冒着风险被嘲笑成肤浅、单纯或没有创意。和某些人的想法恰恰相反，简单是很难做到的。事实上，著名的军事历史学家卡尔·凡·克劳斯维兹曾经说过："战争中的一切都是那么简单。但最简单的事却往往是最难的。"

令人吃惊的是，商业中大多数成功的想法通常是很简单的。事实上，简单是许多成功商业故事的核心所在。管理顾问对于朦胧不清的事物常常用晦涩难懂的技术术语和复杂的概念来解释。在商人当中流行这样一种风气：他们动辄使用复杂夸张的专门术语以显示自己聪明和精明强干。通用电器前主席杰克·威尔齐曾一针见血地指出："缺乏信心而没有安全感的经理才会使事情复杂化……真正的领袖不需要混乱。人们必须有自信能表达得清楚准确，确保机构内每个人都明白自己的业务要取得的目标是什么。你也许不能相信要人们变得简单是多么困难的事，他们有多害怕变得简单。因为他们担心一旦他们变得简单，别人就会认为他们只是头脑简单。

"做生意就要简单"的原则是威尔齐的基本信念之一。毕竟，"这不是火箭科学，"威尔齐坚持道。为进一步说明他的观点，威尔齐解释道，如果你告诉一群商人同样的信息，那么不管摆在他们面前的问题是什么，都能得到相同的答案。简单化和信息化持续贯彻了威尔齐的年代。

如何改善公司的业绩表现？很多时候归结起来就是提出简单的想法并确保去实现这些想法。成功的生意通常可归结为有本事找到一个简单的方法和其他竞争者区分开来。当一个想法能使你的业务从众多竞争者中脱颖而出，于是策略就赋予了这个想法使业务起飞的翅膀。如果说只有新的想法才能驱动业务的发展，是否发现一个新想法的过程就会象某些人所做的那么复杂呢？发明一种新产品最简单的方法其实是借用并改造一个现成的想法。

拿全球著名比萨连锁企业 "棒约翰国际公司"（ Papa John's Pizza）作为例子来说。它连续两年被评选为"美国最佳比萨系列"，而其简单的生意手法却带来九亿美元的年销售额。创办人约翰·施纳德（John Schnatter）对成功说出以下的话："我们的成功没有秘密。那只不过是来自更好的材料，更高的质量再加上勤奋工作这老式的优良传统。我们所做的最与众不同的是我们让事情保持简单。"

拉尔夫·沃尔朵·爱默生（Ralph Waldo Emerson）真正抓住了简单最关键的实质。他评论道："没有比伟大更简单的事情了。事实上，变得简单就是变得伟大。"成功的公司靠着简单的观念，把注意力集中在核心能力上，比竞争对手更有效率并拥有正确的人选经营业务。

时刻牢记这个缩写词组，KISS——保持简短（Keep It Simple and Short）。我们必须使业务保持简单，更重要的是让它简单得能使顾客愿意和我们做生意。

竞争

原则 31

最好的功课是学得比竞争对手快。

彼得·杜拉克（Peter Drucker）曾说："纵观西方历史，每几百年就会有一次翻天覆地的变革。在过去几十年当中，整个社会对自身进行了一次重组，其范围涵盖了世界观，社会和政治结构，艺术，关键的制度，等等。五十年后，新世界出现了。在那个世界出生的人甚至不能想象他们的祖辈生活过的，同时也是他们父辈出生的世界是个什么样子。

不幸的是，对大多数生活在等级分明的社会中的人来说，学习的速度越来越被那些处于顶层的少数人所局限。如果他们是聪明的亨利·福特（Henry Ford）或者小托马斯·华特森（Thomas Watson Jr.），他们的机构就能够学习得比世界变化的还要快。相反，如果他们不够聪明的话，即使一开始能立住脚跟，但最终还是会被激烈的竞争和瞬息万变的局势清除出局。

我们不可能学得比世界变化的更快。许多成果或产品，特别是有关商业机构的，取决于广泛的知识、技术、价值、科技和能力。这迫使我们学习和掌握的面更广，速度更快才行。为什么比尔·克林顿（Bill Clinton）会如此关心一只克隆绵羊？为什么要建立一个专门顾问小组对克隆技术进行调查？仅仅是因为他们对这个新闻感到震惊。原本只可能出现在科幻中的事竟然在现实生活中发生了，而政府对这种结果却没有掌握丝毫线索。现在的变化呈非线形，甚至是以几何数量级递增。

德意志帝国第一任首相俾斯麦（Otto von Bismarck, 1815-1898）曾经说过："傻瓜才会说他们从经验中学习。我宁可学习别人的经验。"因此，你也可以从竞争对手的成功与失败中得益。早在托马斯·爱迪生找到作为灯丝的最佳材料前三十多年就已经出现白炽灯泡了。亨利·福特具革命性的汽车组装生产线仿效自辛格（Singers）缝纫机和坎贝尔（Campbell）肉类加工业。

施乐复印机公司（Xerox）的前主席戴维·凯恩斯（David Kearns）在 1989 年说道："我们意识到我们正在进行一场没有终点的赛跑。我们在进步，我们的竞争者同样也在进步。"但是为取得领先，就必须在学习上迅速赶超竞争对手。成功的机构不仅比竞争对手获取更多盈利，而且成长得更快。许多公司无法学得比竞争对手更快。在激烈的竞争中，这种公司必然会被竞争对手赶上并挤出竞争的快车道。

对一间公司而言，仅仅成为一间会学习的机构是远远不够的，尤其当学习错误的目标时。投资中国的早期，一些外国投资者根据所谓中国国内的普遍做法，透漏进口关税及隐瞒申报物品以欺骗税务当局。对当地小型商家来说，他们很容易为躲避当局的制裁而关闭生产并消声匿迹，等风头过后从中国其他地方东山再起。然而对外国投资者来说，因为他们有更重要的投资，不可能就这么一直躲着。最后不得不为自己的罪过付出沉重的罚金。这些外国投资者误以当地小型商家为榜样，学习错误的经验。

有时公司也要抛弃一些早先学到的错误哲学和经验教训。在这个瞬息万变的世界，一间公司生存的关键在于它抛弃错误并重新学习确保生存的新模式和新政策的速度有多快。因此，比竞争对手更快地抛弃错误也同样重要。

不幸的是，许多公司却走入一个误区，把裁员和改组这样的经营管理方式当成时尚来学习。裁员不当的后果是严重削弱了公司的基础力量以致无法维持正常运作。于是管理层采取进一步的改组。这就形成了恶性循环，使剩下的职员感到灰心，最终也会离开公司。这时尚就好像青少年时期的照片一样。每当你回忆起来就不禁纳闷当时自己怎么会和那些事情有牵连。

公司总裁要明白做生意最基本的没变——即从我们父辈、祖父和先人那里传承下来的东西。他们应向各种各样的管理理论学习，但不迷信或盲目使用。

总而言之，你必须比竞争对手学得更快，同时确保抛弃所学到的错误的东西并停止实施错误的行动。

原则 32

别受竞争短见的苦，保持 20/20 最佳视力。

当公司没有系统地监视竞争对手时，就会在竞争上缺乏远见。有关竞争的信息需要不断更新。我们应尽力查明竞争的下一步动向。

大多数陷入困境的公司看不到这样一个现实，即他们并不是在一个没有竞争者的真空中经营的。他们要生存下去的条件在很大程度上取决于和竞争对手相比，他们能否做到更价廉物美。因此，别受竞争短见的苦。

近几年，路透社把大量市场份额拱手让给了如彭博环球（Bloomberg）这样的新来者。路透社应在几年前就看出彭博环球带来的威胁。因为后者的专注和集中使其有力地提供可靠的高质量的产品。简言之，路透社失去市场的主导地位在很大程度上是因为竞争上缺乏远见。

许多公司根本没有计划去系统地监视竞争对手。尽管他们也许拥有大量关于市场动态和反馈自销售力量的信息，但就在他们自以为掌握了市场的所有信息而变得自满和自欺欺人的时候，却被意外的信息来源和其趋势所带来的压力感到极度震惊，甚至被吓倒。

宝丽莱（Polaroid）因为无法在曾推动公司强盛的快速成像技术之上使业务多元化而陷入困境。柯达（Kodak）可能也面临相同的命运。在当今这个世界，人们想要把照片用电子邮件寄给朋友的时候，数码相机就比普通老式胶卷更有用了。

然而，也不是所有公司都掉入竞争短见的陷阱中。英特尔（Intel）的创办者安迪·格洛夫（Andy Grove）和戈登·莫尔（Gordon Moore）早就意识到作为公司核心业务的存储器芯片正遭受从亚洲进口的廉价货物的侵袭。他们把公司转型成为微处理器制造公司。于是，温斯特尔（Winstel）桌面专利就诞生了。

公司总裁一直声称他们比竞争对手做得更好。有关工业界业绩表现的信息时常难以得到及验证。问题在于即使比某些竞争对手做得更好也也是不够的。在没有完全了解竞争对手的业绩表现的情况下，不要因为没有竞争远见而吃亏。

来自基层销售力量的反馈有时就象鲜奶一样，如果没有行动针对竞争进行反作用的话，其有限期是很短的。我们可以获取竞争对手所制定的全部行动计划，包括他们的产品和服务，生产及货源，商业策略，布置，客户服务，等等。

但我们接下来要采取什么特别的步骤呢？应摒弃竞争短见而拥有 20/20 的最佳视力。

原则 33

心脏病是人类的头号杀手，而竞争是导致公司失败的无声杀手。

上世纪八十年代的管理颂歌是产品质量。涉及到质量控制圈（QC circles），全面质量管理（TQM）和 ISO9000 的运动成为当时的主流。在那个时代，消费者愿意花费大量金额购买有质量保证的产品。然而在产品质量有了明显改善的今天，拥有质量优良的产品却成为公司有效参与市场活动及生存下去的标准要求。

在接下来的九十年代，管理口号只要一和科技沾边，就成了百宝丹。公司于是试图用科技把自己和竞争对手区分开来，比如，提供带有更多更高级的尖端科技产品，使用互联网和通讯系统，等等。巨额资金被投入到科技的研发中去制造具有更高级工艺特色的先进捕鼠器。今天，世界并没有对更好的捕鼠器发展商关上大门。但在 2001 年初那斯达克高科技股的崩溃却展示出科技的弱点。

新千禧年的核心是竞争。随着更广泛优质而廉价产品的涌现，竞争也日益激烈起来。在这种情况下，许多产品变得边际化，甚至象日用品般普及。而价格则在日益缩水的市场中成为决定性的因素。

在当今的竞争环境中，犯错的余地变得更小了。在过去，三击不中或犯三次错误，你被判出局。而现在只要犯一次错误击不中球，你就成为历史了。消费者有很多选择。一旦你不小心在质量或送货等方面犯下重大失误，他们就会象翻转一角钱硬币一样跟你翻脸而找其他供应商。

难以捉摸的竞争常常会从后门偷偷摸进你的家里。你可能在不知不觉中逐渐失去不满意的顾客。直到某天你突然惊觉连你的主要顾客也不见了。

当马士基海陆（Maersk Sealand）选择把转口港改在位于马来西亚新山的丹绒伯勒巴斯港（Port of Tanjong Pelepas）时，对新加坡港务局集团（PSA Corporation）来说已经太迟而无法留住这第一大客户了。在新加坡港务局集团拒绝了马士基海陆的母公司 A·P·穆勒集团（AP Moller Group）关于得到更好的待遇的提议之后，这个总部设在哥本哈根的世界上最大的集装箱轮船公司就把业务转移到了丹绒伯勒巴斯港，并对港口进行投资。所谓"福无双至，祸不单行"。新加坡港务局集团不仅失去了它最大的客户，而且还要跟曾经的盟友展开竞争。在马士基海陆的资助下，丹绒伯勒巴斯港有能力吸引到新加坡港务局集团的第二大客户长荣海运（Evergreen）。新加坡港务局集团试图在高效率和更快周转客户船只上取得竞争优势。但这也只是对一定范围内的额外费用有效。结果，新加坡港务局集团不得不裁员以保持竞争力。只是迟了一丁点儿，新加坡港务局集团就在短期内失去了最大的两个客户。

竞争可以领导开创新市场。比如，随着廉价航线的开辟，更多贫穷的印尼人民也能够到国外旅游了。这是一个包括新航在内的大多数主要航空公司永远想要瞄准的新市场。但千万别低估了竞争而把这当成理所当然。

竞争就像心脏病一样，在你没有警觉时悄悄地潜伏到你的体内，然后突然杀人于无声中。然而，就像人类可以采取健康的生活方式来预防心脏病一样，公司要时刻保持警惕避开不必要的竞争，并采取合适的策略来打败它。当你面对日益激烈的竞争时，你仍然可以生存，壮大直至成功，只不过这已经不再是传统的生意模式了。

价格

你能拥有财富和智慧,但你最好先拥有健康。同样的,你能拥有成绩和质量,但你最好先拥有价格。

在亚洲营销市场上,许多公司普遍碰到这样一个问题:为什么在欧美风行的利润高质量好的产品到了亚洲却卖不出好价钱来?

在亚洲,即使有正确的产品也不能保证成功。这是因为亚洲市场对价格情有独钟。也许是在精神上预先受到妈妈的影响,"价廉物美"的观念已经根深蒂固了。毕竟妈妈总知道最好的是什么。因此,为打入亚洲市场,千万不能忽略正确的价格对公司产品的影响力。

亨利·福特早就对价格了如指掌。他曾说过:"做生意只有一个规则,即尽可能以最低的成本做到质量最好。"福特汽车公司在早期是最廉价的典范。因为创始人的生意模式被调整为一个单纯的目的:以尽可能低的价格提供可被接受的产品。一旦福特的成本下降了,其"T"型汽车的零售价也就随之下降。

很多方法都可以做到不危及质量的情况下降低成本。比如,在一些低成本国家制造或获得零配件可有效减低成本。这样,公司就可以继续保持自己的品牌并在合适的价位上生产预期的产品。因为现在的消费者并不在乎零配件是从哪里生产的。而其它的办法可能包括特许经营,和其他当地伙伴结盟等等。

互联网使得价格信息更加透明。消费者只要进入互联网就可以轻易地比较他们想购买的产品的价格。拍卖甚至也可以在网上进行。比如在英国,卖给个人的私家车比卖给公司的要贵很多。由于后者可为麾下的经理进购数量颇大的订单,因此能够谈到一个较低的价格。而个人就没有这样的讨价还价的能力。随着互联网的日益普及,消费者能从网上购买到最廉价的汽车。他们甚至可以从斯堪的纳维亚(Scandinavia)定购汽车并运到英国。结果,汽车价格直线滑落了 20% 到 30%。

在印度班加罗尔(Bangalore)软件园区有一个由技术熟练的印度人组成的大型联营。他们的薪水只有发达国家的十分之一,但他们所完成的工作并不比发达国家的差。问题是,如果你不能提出引人注目的理由吸引你的客户继续跟你做生意,他们就会转到班加罗尔那里去。中国苏州工业园区同样可以设计发展尖端电子零配件,并且成本只有发达国家的十分之一。你的客户也会向你要求这么低的生产费。

价格不是一切,但却是一个非常重要的因素。

原则 35

低成本竞争者不仅会吃掉你的廉价产品市场，他们还想吃掉你的午餐。

许多业界领导面临来自瞬息万变的市场的挑战，特别是众多低成本竞争者带来的冲击。如果不在萌芽阶段阻止他们，这些小鲤鱼们就会迅速壮大变成可怕的鲨鱼。越来越多充满全球市场的中国产品就是很好的例子。

处理这些制造商的方法就是尽量在其萌芽阶段就扼杀他们。就像战争一样，千万不能让你的竞争对手建立滩头阵地。一旦他们成功地建立了滩头阵地，再想驱逐他们就势比登天了。你要趁他们还在水里最脆弱的时候给予迎头痛击。当客户试过并喜欢上低成本产品之后，再吸引他们回心转意将会非常困难而且昂贵。如果你不能在其它同等条件下击败低成本竞争对手赢得价格战的话，那就最好在另外一个特别的领域把你的产品或服务区分开来。

卫生保健跨国公司强生公司（Johnson and Johnson）也面临艰难的竞争并为能研制出新药而一鸣惊人之前经历着漫长的等待。作为公司远离竞争策略的一部分，强生在过去五年里吞并了 34 家公司，而且还将并购下去。强生公司也把现有的药物派上新用场——用作治疗癫痫症的药物托吡酯（Topomax）现在拿来治疗偏头痛。工人们被要求跨部门生产线去开发产品和输药系统，包括对中风、糖尿病和精神分裂症的治疗。在配药和设备部门之间的合作下开发出价值数十亿元的心脏展幅机。对二百多个单位进行削减成本，内勤业务合并及集中采购这些措施在两年内帮助公司节省了十亿元。这笔资金将被用在急需的新药开发上。

自 1907 年开始生产真空吸尘器的胡佛公司（Hoover）在 1994 年把工会成员从一千八百人减少到刚过一千五百人。中国竞争者以 79 美元的单位价售卖廉价的真空吸尘器使得胡佛公司标价 200 美元或更高的吸尘器失去了竞争力。胡佛公司被打得措手不及而这些中国低档产品已经占据了 40％的市场。胡佛公司试过临时解雇职员、增加真空吸尘器新功能等措施，但效果并不理想。另一方面，市场领导者惠而浦公司（Whirlpool）在 1994 年取得高达 38％的销售利润并创下盈利新高。之后，就不再销售真空吸尘器转而分散投资其它家用电器去了。

当马来西亚的丹绒伯勒巴斯以更低廉的价格偷走新加坡港务局集团数一数二的两大客户时，后者曾一度失去竞争力。新加坡政府吸取了这次教训，并对来自廉价航空公司和区域航空枢纽的威胁迅速作出反应。因为现在的航线可以从澳洲直飞欧洲或从中东直飞美国而不在新加坡停留，航空公司完全可以绕开樟宜机场。于是，新航推出廉价航空子公司虎航与其他廉价航空公司竞争。同时也通过提供崭新的飞机和中途不停直飞美国的航班来进一步宣传首要的公司形象。新加坡樟宜机场还特地为廉价航空公司建造一座机场大厦，而现有的机场大厦也在进行翻新和改善。较早前，新加坡政府以强硬姿态严厉处理新航机师就是为了确保国家航空事业不会被劳资纠纷拖了后腿。评判委员会仍在公开讨论有关这一系列先发制人的措施是否能够让新加坡空运业和航空业有效保持竞争力。然而，这总比眼睁睁看着低成本竞争者在你鼻子底下把你的午餐吃掉要来得强。

另外一个相关的例子是圆珠笔和钢笔之间的竞争。圆珠笔不仅便宜得多，而且使用起来方便整洁，不用怕染上墨渍。钢笔曾惨败在圆珠笔的竞争下，并几乎损失了全部的市场份额。后来有人想出可以把钢笔做成奢侈品。于是，钢笔摇身一变，成为身份和豪华的象征，跻身于珠宝饰物阶级，而其售价也高达 400 美元。包括派克（Parker）、西华（Sheaffer）、万宝龙（Mont Blanc）等在内的钢笔制造商很惬意地锁定住高档产品市场。这是圆珠笔可望而不可及的。现在，圆珠笔和钢笔找到了各自的产品市场，使两者能够和平共处。

你必须机警一点儿，随时准备阻止低成本竞争者的不良企图。这就是为什么霍华德·H·史蒂文斯（Howard H Stevenson，哈佛商学院教授）在他的著作中提到："动手做午餐，否则就会成为别人的午餐。"

沟通

原则 36

舌头是健康的窗户。

医生经常通过检查病人的舌头来判定其健康概况。舌头是用来沟通的器官。同样的，我们可以通过检查沟通的方式来判定一间公司的士气和精神健康状况。心里和头脑中所想到的，通过舌头讲出来。

在生病的公司里充满了负面的意见和谣言。这些负面能量会消耗掉公司原本高昂的士气和富有成效的集中力。很容易就能确定公司的健康状况。如果你花些时间和职员逐个谈话，很快就能学到机构中的负面健康状况。职员们通常知道问题出在哪里及如何解决。

除了讲话外，舌头还能帮助咀嚼、混合、品尝和吞咽食物。甚至当你睡着的时候，舌头也在忙着把唾液推向喉咙并吞咽下去。否则你的口水会把枕头都浸湿的。公司的沟通就象机构的舌头一样，是在做生意的过程中使所有涉及到的生意实体之间互动的方法之一。此外，沟通在公司里也具备多种功能，有助于改善公司形象，强化团队合作和公司文化，以及处理棘手局面和难缠的客户等等。一个机构如何与其职员、广泛的拥护者、媒体和普通大众沟通会展现公司的特性和价值。

沟通的重要性，特别是口头说的话，不能被过分强调。圣经曾提到："生死在舌头的权下、喜爱他的、必吃他所结的果子。"（《旧约·箴言 18：21》）。又提到过："因为心里所充满的，口里就说出来。"（《马太福音 12：34》）。在圣经中有很多节描述了关于舌头错误和正确的效用。因为一个人必须为用舌头说出的话和发表的声明负责。

各种关系破裂时常是由于缺乏沟通。婚姻顾问证明缺乏沟通而导致婚姻纠纷甚至失败的例子时常发生。沟通中断会导致误解，谣言四起，产生负面意见和满腹牢骚，而最终影响健康状况。公司里沟通中断会损害人们之间的和谐，新陈代谢和融洽的关系。

转机经理需要创造出以公正直率的谈话为标志的文化氛围。在当今世界里，市场信息和想法是珍贵且易坏的日常用品。它们需要尽快使用并因应作出行动使其价值得到充分的发挥。因此，机构的通讯线路必须简短、直接且健康。

原则 37

当你口渴并且有水时，你是不会去计较水温的。

这好像是条显而易见的原则。然而许多公司却因为与合作伙伴和主要股东间一些次要的争吵和歧见而陷入困境。在很多家族公司里，家庭成员也讨厌亲属关系介入公司业务中来。

问题很多时候并不是由竞争或职员引发，而是产生自关键股东间的重大歧见。如果能够合理地控制和管理，不同意见就会是健康的。但如果不能很好地解决问题，甚至使问题恶化，歧见就会演化成官能障碍并可能导致整间公司分崩离析。就像瑞典著名流行乐队"阿巴合唱团"（ABBA pop group），在八十年代红极一时，曾是瑞典最大的出口税收来源。然而随着乐队的解散，其名声也不再响亮。西蒙与加芬克尔（Simon and Garfunkel）也曾是非常受欢迎的流行歌手组合。在他们分手后，就不再出名了。

当主要股东的意见出现分歧时，可行的做法之一是聘请外面的专业经理经营业务。但他们必须有管理公司的自治权。

摆脱困境的其它建议包括收买持反对意见的股东。做生意已经充满了各种各样的挑战。就像一间房子被拆开后就无法站稳一样，一间人心不齐的公司也无法适应反复无常的动态市场。原本应该直接用于对付竞争等公司外部事务的所有能量和珍贵的资源却会被消耗在办公室行政和解决燃眉之急的内部事务上。

在困难时期，每个人都要相互让一步，可以保留自己的不同意见而做到"求大同，存小异"。公司里的每个人应该齐心合力迅速让机构回到稳定的轨道上来，而不应使政治上的争端失去控制。适当的内部摩擦和竞争可以产生健康的新想法，以及让机关部门彼此之间相互制衡。但这必须控制在一定范围内。否则，在人背后捅刀子或磨洋工的事情发生得太多会引起更多猜疑和挑剔。这样公司内部的气氛就变得不健康，而利己主义和政治上的勾心斗角就会凌驾于公司利益之上。

即使在一帆风顺的时期，象责任委派这种次要的歧见也可能让最好的计划破产。而在困难时期，所有关键成员间的和谐与合作更是必不可少的。

动态的机构要把主动挑战现状作为保持竞争力的手段之一。这需要机构领导人能积极地利用矛盾和压力制造出一种气氛，不断挑战和激励职员们，并避免压制职员能力发挥或罹患官能障碍。

因此，当口渴并且有水时，你一定不会去计较水温或拿什么来盛水，而只想尽一切可用之水来解渴。

原则 38

谣言就像沙斯病毒一样，通过嘴巴和电话传播，有时甚至在意想不到的地方出现。

问题公司常常被消极的未核实消息，或者说四处散播的谣言，所折磨。这是一种非常不健康的状况，就像可怕的严重急性呼吸道症候群（沙斯，SARS）病毒一样极具传染性甚至是致命的。错误的信息和谣言对公司而言是非常危险的。在这个信息时代，谣言可以通过诸如手机、电话、传真、电脑和人造卫星等现代通讯设备以令人吃惊的速度传播开来。

有关沙斯传染病爆发的谣言在 2002 年十二月从广东省一个名为"河源"的偏远小城市开始传播。当时卫生当局把这种疾病诊断为"非典型性肺炎"，但并未立即把医疗诊断报告公诸于众。于是关于一种可怕的未知传染病爆发的谣言开始迅速传播并造成公众恐慌和抢购药品。事态及公众的恐慌情绪在华人春节后达到几乎不可收拾的地步，以致中央政府不得不对外宣布这是一起公共卫生紧急事件。政府作出公开声明显然是晚了一点。不仅国内人民，而且连国际社会都一致谴责政府没有及早对沙斯疫情发出官方警告。

阻止这类谣言的唯一办法是让职员或公众知道真相。掩盖事实或否认真相是没有用处的。这反而给谣言的散播制造条件。

对公司未来的不确定也会引起谣言。它会使职员们罹患官能障碍并耗尽他们的能量，而最终导致具建设性的想法和行动被剥夺。这些严重打击职员们的士气。

要阻止这类谣言最有效的途径是直接与职员们沟通，并让他们确切地知道真相。在某些情况下，你作为一名转机经理，困难根本没意识到有谣言正在公司里传播。而且，由于受亚洲文化的影响，职员们不会在公开场合对管理者谈论有关的谣言。这种情况下，使用问卷调查可能有助于找到隐藏着的谣言及其根源所在。职员可以不记名的方式反馈他们的建议，提出改进措施及陈述利害关系等而不必担心他们的上司或主管经理的报复。现在，越来越多的公司正引进"鸣哨"措施，即，一旦职员发现他们的上司玩忽职守，可以立即向董事报告，以阻止非法勾当。

在许多充满抱怨和不满情绪的生病的业务中，败坏他人道德的陷害信件也屡见不鲜。这其实是谣言的另一种形式。然而，如果陷害信件刻意中伤某个人的人格却没有署名，那么就很难对此进行调查追踪。

不管谣言的内容是否属实，它最大的危害在于令公司环境充满否定消极的气氛。对于陷入困境的业务来说，令执行经理痛苦的顽疾并不是酒精中毒而是消极的态度。

积极的想法带来健康、快乐的活力、欢声笑语、成功和真实生活。相反的，由散播谣言带来的消极想法导致沮丧、失败、悲哀甚至死亡。

要让脑子保持积极，就要引入积极进取的市场营销策略指导职员们的注意力远离消极观点。懒惰的头脑是魔鬼的工厂。尽量让职员们保持具有建设性的精神态度。

因此，要用适当的沟通和行动抵制谣言。

领导

原则 39

死尸从头部开始发臭。

执行总裁的素质毫无疑问的是导致公司每况愈下的关键原因之一。公司之所以出现濒临倾覆急需拯救的局面绝大多数是因为执行总裁不称职、无能、粗心大意、刚愎自用及缺乏经验。要求或指望在职的管理层对过去的表现能够作出客观评价简直是很过分的事情。首先，执行总裁很可能就是那个因管理不善而导致公司财政健康恶化的人。问题在于，一些执行总裁即使可能缺乏培训，却自以为什么都懂。

约翰·哈维·琼斯爵士（Sir John Harvey Jones）曾说，许多公司发现自己总是在困境中挣扎。其原因几乎永远可以归咎于公司最上层的问题。约翰·哈维·琼斯爵士是英国最知名和最受尊重的商业领袖之一。除了担任英国化学工业公司（ICI）的主席外，他还是英国广播公司电视系列片"解决麻烦能手"中闻名遐尔的明星。哈维的导师罗沙贝斯·莫斯·肯特尔教授（Professor Rosabeth Moss Kanter）专注于公司转机领导阶层的研究。他在伦敦经济和社会研究理事会讲演时指出："正式架构和程序可加强信心。但作为领袖，愿意去相信人们并提供大家分享的机会也是至关重要的。在每一次成功的背后是那些关心团队的领导者。这就是为什么新的领导者会常常被要求去带领转机小组。"戴尔电脑公司的迈克尔·戴尔说过："当一个业务出了问题时，只要查看是谁在经营就知道是怎么回事了。"

孙子认为将领或领导者扮演着至关重要的角色："将弱不严，教道不明，吏卒无常，陈兵纵横，曰乱；"意思是"将领懦弱而没有威严，他的命令不清楚准确，手下官员和兵卒的职责经常改变，士兵列队随意散漫，这些导致军队处于完全混乱的状态。"

早期进入中国的投机者因为委派不当的经理去经营管理而遭受惨不忍睹的失败。仅仅雇用一个当地职员或秘书来处理在中国的关系是远远不够的。公司应该派遣具备精湛管理技巧及透彻了解中国市场的管理人员。大众汽车（Volkswagen）和西门子（Siemens）聘用一批出类拔萃的总裁能够把他们老是亏损的合资企业转变为成功的企业。通用汽车在九十年代中期派出他们最好的人员之一到中国上海。于是通用汽车在中国的发展很成功，甚至与上海汽车制造厂联手开发市场。丰田汽车让常驻中国的人员上六个月或更长时间的语言课程以便为在中国的任务作好准备。最重要的是让关键人物处在正确的位置上。

人们经常混淆领导者和经理之间的不同而乱用这两个词。他们最大的分别是经理把事情处理正确而领导者则处理正确的事情。经理往往专注于短期目标和任务并为之经营管理。领导者除了关注这些事情外，他们还要考虑其他长期的问题去激发职员们的灵感和创新精神。经理逐步地做事情想问题而领导者则从事情的根本出发思考和行动。一名领导者是那种会吸引别人自愿跟随他的人，而经理则要求别人服从他的命令。经理通过公务上和正式的沟通渠道和程序来处理事情，而领导者用激情煽动人们的情绪。

领导能力事关重大。约翰·麦克斯威尔（John Maxwell）写了好几本有关领导能力的书并指出："万事皆有领导所左右。"而在不确定以及事关稳定大局时，领导能力更是举足轻重。它不是流行时尚，而是作为一整套杰出显著的技巧和能力从今往后一直发挥重大作用。领导权是至高无上的。因为是管理高层决定需要做什么以及哪些人去做这些事情。的确，一个人，甚至一个中等大小的机构并不能改变世界。这需要从广大人民那里高度集中他们的能量、想法和热忱。但没有一个领导者，首先就不能迈出改变的第一步。即使开始了，也会因为缺乏方向和动力而迅速失败。在没有领导者的情况下，要取得预期的好成果就变得非常偶然也因此是脆弱不能持久的。变化需要领导去进行，否则就不会发生改变。领导是所有公司其他部门能够显著发展的坚强支柱。

原则 40

董事会应象人体里的 T 细胞那样保护股东的利益。

T 细胞以两种方式对免疫系统作出贡献。其中有些协助控制免疫系统复杂的工作，就像董事会为公司设定方向一样。

公司要留意的不仅仅是执行总裁的素质。不良的董事成员是那些靠着自己种族、性别和社会地位才进入董事局的人。然而，为了公司的利益，必须委任最好的人才进入董事局。这些人要有杰出总裁般的模范记录，而不是那些失败的总裁，只为了凑数才把当董事成员作为第二份工作。你需要的人员还必须具备广泛的全球经验和海外联络网以便透彻了解有关市场的需要和挑战。对于一间列名公司来说，你需要那些对机械装置列单和证券交易所各种要求都相当了解的人才。

公司董事不应同时为太多间公司服务，否则他们就不够时间作出有效的贡献。而对于那些已经作出贡献的董事来说，在任期内最好能专心为该公司的董事局服务。在这种制衡原则模式下，即使长期在公司任职的董事也不会因过于舒服自满而忽略可能使公司误入歧途的管理手段。董事局成员能维持公平公正也非常重要。他们和管理层的关系不能太亲密，否则可能会对后者的非正当行为视而不见。

董事会必须明白他们不是受雇来完成执行总裁的工作的。如果他们过度干涉公司的日常运作，如市场营销、人事聘用及召开定期会议等，就会使公司出现问题。董事局扮演的主要角色是聘请或解聘执行总裁及决定其报酬。他们应参与的主要事务包括批准总体策略、收购行动和重大资本开支等。董事局必须明白他们要从根本上对股东们的利益负责。他们不是来经营公司的，而是确保管理层能有效地进行这项工作。

许多董事成员只是来坐板凳装样子，而不积极参与董事局讨论或试图了解有关公司的业务。因此，这些人并没有作出贡献，对执行总裁的行为也不闻不问。横扫全球各主要公司的多宗财政丑闻显示了这些公司董事局对自己的执行总裁缺乏有效紧密的监督。

另一种极端的情况是董事局分裂成独立董事和常务董事两大阵营。独立董事经常只会象大老板一样质问主任参谋和常务董事。其实不论是独立董事还是常务董事，都是董事。为了公司的总体利益，每一名董事成员都必须拿出自己压箱底的本事和专家意见，为公司作出贡献。

令人振奋的是发达国家已经注意到这些，对公司的管理更趋严格以确保所有董事都明智地完成工作。董事们仅仅为了社交活动或维持人际关系网而开会并在会后找个地方打打牙祭或玩玩高尔夫的日子已经一去不返了。他们必须对业务了解得更多，并开始扮演更积极的角色，就像公司里的 T 细胞那样保护股东们的利益。

原则 41

许多总裁追求四个 P：报酬（Pay）、权力（Power）、外快（Perks）和特权（Prestige）而不是公司的利益（Profit）。

最近一段时期越来越多的执行总裁变得堕落了。根据布兹阿阑罕米尔顿（Booz Allen Hamilton）公布的数据，2002 年在美国强制离职的执行总裁达 39%，比 2001 年的 25% 的百分比高了近一倍，其中包括恩龙的主席肯·雷（Ken Lay）、泰科的老总丹尼斯·科兹洛斯基（Dennis Kozlowski）、奎斯特通信公司的乔·纳克齐奥（Joe Nacchio）、世通的伯尼·埃博斯(Bernie Ebbers)。而在 2003 年，我们则看到了雷神系统公司（Raytheon）、凯马特（Kmart）、斯皮格尔（Spiegel）、先灵褒雅（Scherling Plough）、摩托罗拉（Motorola）、联邦住屋贷款抵押公司（Freddie Mac）、波音、阿美利坚等公司的执行总裁黯然离去。

法新社于 2004 年四月 13 日报道，纽约大学斯特恩商学院（New York University Stern School of Business）的大卫·耶麦克教授（David Yermack）研究发现，只要公司老总乘坐豪华公司喷气机旅行，那么这些公司的股东们的盈利平均就会低于市场基准。在课题研究《偏爱飞行：公司客机、总裁津贴和不尽人意的股东回报》当中，耶麦克教授指出："这项研究的重大结果是执行总裁私人使用公司飞机往往伴随着雇主的股票运作差于一般市场价格。公司股价在公司飞机用于私事被初步揭露之后平均下滑二个百分点。"

有些执行总裁只因经济前景变糟而被无理解雇。虽然他们并没有做错什么，但仍要他们对此负责。总而言之，有钱有势的人经营公司的日子已经结束了。

不受控制的成本和不必要的成本会摧毁公司业务。如果竞争对手有辆豪华轿车而你没有的话，那么你已经赢了。因为对方的荷包有个大漏洞。六个著名的自力更生的亿万富翁都是勤俭的模范。他们对自我扩张非常谨慎。

直到 1991 年，沃尔玛连锁零售店的创始人山姆·沃尔顿（Sam Walton）还开着他那辆已经开了八年的红色福特敞篷车。他还总喝自己带的咖啡。EDS 公司总裁罗斯·佩罗（Ross Perot）给他自己开的年薪是 7 万美元。然而，当佩罗把 EDS 卖给通用汽车公司时，他的新老板，通用汽车公司的总裁的年薪却是二百四十万美元，还不包括花红。最后，通用汽车的老板不得不拿出二百五十万美元请佩罗走人。因为佩罗一没有要求高薪，二不要时髦的办公司或公司配车。这实在令通用汽车的执行经理们为他的简朴而感到非常尴尬。大卫·派克（David Packard）在离开惠普（HP）去政府部门任职之前，在惠普从来都没有一间单独的办公室。微软的比尔·盖茨以前经常搭乘经济舱出差。直到后来微软成长到足够大，并有了自己的飞机。沃伦·巴菲特（Warren Buffet）率领 24 名手下职员为波克夏·哈萨威公司（Berkshire Hathaway）管理数以十亿计的资产。但他们一起吃午餐的地方却是在麦当劳。沃伦仍然住在那间 30 年前买下的房子里并领取区区十万美元的年薪。宜家家具店（Ikea）的创始人英格瓦·坎普拉（Ingvar Kamprad）坚持搭乘公司班车上班。

在整个 2002 年确实都充斥着执行经理滥用职权的新闻。当大批恩龙公司的职员被解雇的同时，资深经理们却花费 20 万美元修葺原名为"恩龙之野"（Enron Field）的豪华包厢。宝丽莱虽然以即时成像的革新技术显赫一时，但其管理层却跟不上时代变化的步伐，无法在数码相机的潮流中挽救公司。据传闻，宝丽莱一方面随着第 11 章的编订立即取消了公司退休人士的保健福利，另一方面却传出管理层向破产法庭请愿批准发放大约一千九百万美元的花红作为挽留关键管理人员的费用。韦文网上零售店（Webvan）是另一个例子。韦文试图以网上购物和送货到家的服务与传统超市竞争，最终败下阵来。据说，在公司停业前一直在支付即将辞职的总裁乔治·沙星（George Shaheen）每年 37 万 5 千美元当作生活费，即使韦文的股价在其任内已经狂跌了百分之九十九。

凯马特（Kmart）破产后被裁定支付每月 36 万 2 千美元给旗下 242 名经理中的一部分人作为退休福利。但被凯马特拖欠了 60 亿债务的债权人却拒绝支付芝加哥破产管理人的判决。

洛杉矶时报（L A Times）记者约翰·巴尔札（John Balzar）发现被美国巨无霸公司的傲慢自大态度所激怒的不仅仅是债权人和股东。"消费者也狂怒了。有些人向势力强大的公司宣战，反对诡计、两面派、一夜暴富的阴谋、欺诈以及自私自利的交易。"那些投资者感到好像他们遭到了抢劫，因为他们看到自己的退休储蓄在缩水。

在美国，执行总裁的报酬在过去的三十年里猛然增加了百分之一千，比普通工人的平均收入高出 500 倍。但前者还贪婪地想得到更多。英克隆系统公司（ImClone System）的玛莎·斯图尔特（Martha Stewart）仅在一个假日就花掉公司一万七千美元。丹尼斯·科兹洛斯基（Dennis Kozlowski）为一个"狗棚架子"花了一万五千美元，为浴帘花了六千美元。约翰·瑞格斯（John Rigas）从阿得尔法股东基金（Adelphia's shareholders' funds）中挪用了二万美元购买一颗圣诞树。过度花费公司资金的例子不胜枚举。

那些挪用公司资金而过着有钱有势的生活的执行总裁应该被抽筋剥皮。

阶段 3：治疗

执行

原则 42

如果你需要动手术，请电召外科医生。

当你需要做心血管绕道手术时，你会找心血管专家，而不是普通诊所的开业医生。当你遇到法律纠纷时，你会咨询律师。当你碰到税务问题时，你会征求税务顾问的建议。然而许多陷入困境的公司却没有向正确的专业人士求助而犯下致命的错误。其中有相当多数的公司聘用内部管理层试图解决难题，而其他的则完全依赖自己的律师和审计师。这些有问题的业务机构其实需要引进转机专家和适当的专业人士。事实上，这些生病公司中的某些管理层就好像被车头灯闪花了眼的鹿一样惊慌失措而完全不知道要往前走。

执行总裁和首席财务官已经堕落了。他们在会计帐目上做手脚而引发丑闻。转机经理被冠以诸如公司改组总长、转机专家或转机大师、公司医生等等耳熟能详的头衔，在危难中挑起振兴公司的重担。在美国，象世通、恩龙、凯马特等陷入困境的公司已委任各自的转机专家对公司进行重组。在经历了亚洲经济危机之后，即使是马来西亚也不采用政治铁腕手段重组政联公司，而是宁愿招募专业人士并令人刮目相看地提供信任状。例如在 1998 年，马来西亚前首相马哈迪引入了第一批转机专家领导外资企业和 Danaharta 资产管理公司。

这些转机专家当中通常包括了拥有商业、会计、财政或营运背景的人才。他们在对公司管理层失去信心的债权人或董事会的邀请下进入公司。多数情况下，光是"执行总裁"（CEO）、"首席财务官"（CFO）、"信息总监"（CIO）或"首席运营官"（COO）等等头衔就为这些专家们树立了一种可信度并给董事会、投资者和债权人带来希望。他们是特别的天才，因为他们必定集企业家、幻想家、建筑设计师和危机经理于一身。他们必须从债务中发掘资源，在毫无头绪时寻找契机，而且通过探索未知的途径去解决"不可能"的问题。总而言之，他们必须对公司进行彻底改造来创造价值。

不幸的是，没有一间公司会在寻求转机的时候打出这样的广告："公司无法盈利，急需转机专家。请寄来您的申请函。"

其实有许多方法可以找到合格的专业人士来解决你的业务问题。开始寻找合适的转机专家，第一步要联系你的银行家、律师、外部的审计师、大型会计师事务所以及各种商业会所和协会。在他们以往的协作经历当中，也许联系过具备转机必不可少的技巧的专家。

此外，寻找转机专家还可以联系那些了解公司现状的人，包括在职雇员、公司董事和顾问及合作伙伴等。但这要在选择的过程中格外谨慎。许多专业人士都表明他们是转机专家。但实际上他们只是财政从业人员，全副精神都放在削减成本的措施上面。诚然，这些技巧和知识的确很重要，但仅仅是正确行动的一部分而已。真正使一间生了病的公司转亏为盈所要采取的措施远不止削减成本。

除了拥有实际的转机经验外，转机专家还要对业界有广泛的了解。之所以要求他（她）对所处的行业有相当程度的认识，是因为时间上通常不利于转机专家充分展示成果。因此，如果掌握了行业相关知识，就能推动及缩短学习的进程，并通过自己的关系网迅速引进新的业务。

要招募的专家必须亲身经历过逆境并具备将陷入困境的公司成功转亏为盈的良好记录。健康公司里的成功经理并非合适人选，因为他们从来没有被迫在工作中面对这些局面：士气低落的雇员；吵吵嚷嚷要公司还款的债权人及因客户倒向竞争对手而使市场份额减少，等等。

可悲的是，在大多数情况下，这些重组专家引进得太迟。重组措施本应在昨天就开始的。结果转机的成功率大大降低了。

因此，当你需要动手术时，赶紧电召外科医生。千万别耽搁。这可是人命关天的事情。

原则 43

不要单单依靠家庭医生动手术。

许多商业领导人善于创业或者守业，但他们可能并不善于治疗重病之下的生意。他们通常不具备这方面的经验、技巧、气质或自动自发的精神，而不知道如何采取正确的措施使陷入困境的业务好转起来。有时，由于商业领袖的干扰和偏见，反而使得他自己成为整个转机进程中的最大障碍。所以转机措施通常要由外来人才执行。

绝大多数情况下，陷入困境的公司不能完全从内部解决问题。其管理层可能持有太多偏见、既定利益和包袱。所谓"良药苦口利于病"。不过，管理层也许没有胆量服下这剂"苦口良药"。如果有必要的话，需要有胆有识的外来人才能够为公司说"不"。如果内部的管理层是导致内部问题的主因，那么让内部管理层处理转机事务就好像用水蛭来治疗白血病一样，病人的病情不但不会好转，随时间的推移反而还会恶化下去。

在公司转机的这个游戏里面，外来人才通常具有一定的天然优势。你既没有维系新梦想的感情负担，也不须维护与经济无关的历史利益，更不必对大老板感激涕零。你还可以无所顾忌地问一箩筐问题而不担心这些问题该不该问。有可能一些看上去是"愚蠢"的问题到头来却变成神来之笔。

和想象的恰恰相反，你会发现你不费吹灰之力就能取得雇员们一致的拥护。而其他经理则要费很大的力气才能赢得同样的热爱。雇员们明白，你代表他们最后的希望，而且你没有回避问题。早在董事会和业主们了解事态之前，他们就已经知道公司业务出轨且摇摇欲坠了。只要举止得当，避免粗蛮无利的行为，雇员们就会立即带你直奔核心问题所在。如果你仔细聆听，几乎没人会有所隐瞒。他们知道，即使你要搞鬼，最多不过失去工作而已。这对他们来说已经不是什么痛苦的事情了。至少双方都为拯救局面尽了力。

从你指定的业界出身的转机专家通常都是相当不错的。他们在业界拥有响当当的名声。你可以调查这些专家的声誉。而他们很可能对你的公司也早有耳闻。

这些专家可以作出生病公司的管理层所不能作出的客观决策。有些可在公司内担任专职总裁，而有些则从事可全权处理公司帐目的顾问。他们可以愈合伤口，进行手术或急救措施。当工作完成后，他们就会离开。因为他们虽然是将公司转亏为盈的专家，但可能并不适合经营一间健康的公司。另一方面，绝大多数执行经理不适合转亏为盈，因为在这种特殊的局面下，需要非凡的领导才能。当转机专家接过公司管理的方向盘之后，就会在公司陷入更深的困境前迅速着手实施执行总裁应当做的事情——改组。

当你遭受癌症的折磨时，去看肿瘤专家而不要完全依赖你的家庭医生。

原则 44

拥有一支优秀的团队才能实现你的梦想。

是否拥有一支优秀的团队是能否实现梦想的根本所在。在这个复杂多变的企业世界中，没有一个人能独自找到所有问题的答案。这个世界的变化是如此的快，以致即使一支拥有内部专家的团队也无法试图跟上和监督变化的进程。内部团队应起用外面的顾问和专家以引进公司目前尚未具备的知识和技术。

就像动外科手术类似，一间公司需要一支团队成功地实现转亏为盈。这个过程绝少是独角戏，而通常要由具有良好协调关系的公司恢复小组来执行。这支转机队伍多是由公司内外最好的人才组成，包括了精通破产事务的律师、审计师和转机顾问等具备丰富经验技术的专业人士。

转亏为盈的第一步，特别在动手术阶段，是组织一支包括各方面精英的转机团队。变化不仅是至关重要的，更是转机过程的重要特征之一。这支转机队伍最好能包括转机经理（不管是委任机构外的还是从内部指定的）、财政监控官以及其他内部关键职员。转机团队必须和股东、债权人及工会等和公司利益有关的单位紧密合作。

不管团队的组成是什么，都必须象反恐特警小组（SWAT）那样尽快行动。成员间需要定期互通消息以便了解最新情况和各自具体任务的进展。队长的职位必须明确且具有绝对权威。这样即使万一出现不同意见，也可以由队长作出最终决定。

转机团队的关键是具有高度灵活性。在情况允许下，团队可定期作出相应变化。例如，一旦公司成功渡过财政危机并转亏为盈，就要改变公司文化。在这个阶段，公司需要转机队伍作为改变公司文化的媒介，引入更多民主和参与性。和上一个手术阶段以专制为主的性质相比，此时的转机团队在性质上简直转了个180度的弯。

人力调配部门因此越来越清楚地认识到亲密和谐的团队精神作为公司成功的要素之一的重要性。职员鉴定体系已经把个人在团队中的工作能力作为职员工作表现的一个重要准绳，而个人单独的工作表现不再是重点。尼可·史蒂尔（Nicor Steel）非常强调团队合作的重要性。在他旗下的职员们经常自愿帮助那些后进者赶上进度。他的职员是全球薪水最高的。

公司之间也需要进行团队合作。没有那间公司设立在孤岛上。他们同样需要组成团队，共享专门技术、财政资源和科技。在进军海外时，公司有时也需要考虑和竞争对手结成战略联盟。当今世界的公司之间，事情不再是那么泾渭分明。例如，有些大型基础建设项目所需要的庞大的财政资源已经不是任何公司可以单独承受的。这时就要竞争者之间携手合作，汇集资源以拿下这些大型项目。在制药工业中，光是新药研发的成本可能就是个天文数字。这经常需要数间制药公司集中资源共同开发新药。事实上，由于新药研发成本的原因使得制药公司一直不断地合并及整合。有研究指出，在未来若干年里，全球主要制药公司将从目前的数十间逐渐减少到五间左右。

所以，没有一个人或一间公司能在孤岛上生存。实现梦想的关键是拥有一支优秀的团队。

专注

原则 45

外科医生一次只给一名患者动手术。同样的，一间生病的公司需要专注于其核心竞争力上。

在转机疗程的初期，公司还处在破产的边缘，会受到时间和资源等多方面的制约。此时，公司需要集中所有的资源把几样最主要的事情办好。象外科医生在动手术时只专注于手术进行的部位一样，你也应该具备如激光般敏锐的注意力。如果你是一名病患，就不希望主刀医生同时给你和另外一名病人动手术。同样的，一间生病的公司也需要专注于核心竞争力上，并尽力避免无助于实现主要目标和无法立竿见影改善现金流的行动。在这种危急时刻，只要确保维持现有的业务并运用已有的技术更好地完成工作，你甚至能以低得多的成本取得成功。

为能把资源真正用在核心业务上，生病公司必须狠心抛弃其它任何不盈利或无关的业务。在大力鼓励销售业绩的指令下，有问题的公司经常会签下大量利润菲薄的销售合约。这其实相当于用钱去买销售额，其结果常常导致财政损失。这情况就好像只听到嗞嗞作响的煎牛排声音却看不到牛排一样。

不管什么时候，最好尽可能象截肢一样切除所有亏损的投资和没有盈利的销售。根据外科手术的标准步骤，如果化脓，就必须尽快把脓清除掉。事实上，中国著名军事家孙子也提倡集中优势兵力打击敌人以取得战争的胜利。他在《孙子兵法》中提到：“兵非贵益多也，惟无武进，足以并力料敌取人而已。……我专为一，敌分为十，是以十攻其一也。”大概意思是说，“军队的战斗力不是士兵的数量越多越好，而是能齐心合力打败敌人取得胜利。……我方集中所有的兵力在一起，而敌方把兵力分散到十个地方，所以我方用十倍的力量打击敌人。”

为在国际市场上竞争，把有限力量集中在一个特定的领域是很重要的。好利获得公司（Olivetti）由于把产品业务从打字机扩展到电脑而失去竞争力。对于意大利只有五千八百万人口的市场，拓宽业务领域不失为一种正确的做法。但当好利获得公司进军国际市场时，其有限资源就不足以应付广泛的业务领域对竞争力的要求了。南韩主要的联合企业“现代”公司（Hyundai）也在寻求扩张时失去了专注精神。现代公司所涉及的业务几乎涵盖了业界所有领域，包括化学制品业、造船业、工程工业、汽车业以及制药业等等。以致它的客户都搞不清楚现代的核心业务是什么。当 1997 年亚洲金融危机袭击南韩时，现代公司首当其冲，成为南韩第一个被击垮的家族企业。市场营销需要专注于特别的市场领域。因为在这种特定的市场领域中往往隐藏着巨大的财富。

软饮料巨无霸可口可乐公司曾在欧洲推出 Dasani 纯净水，试图打入瓶装水市场。后来新闻揭露可口可乐公司把普通自来水当作 Dasani 瓶装水的来源，而且含有超过标准的致癌物溴酸盐。在真相曝光后，可口可乐公司不得不全面回收市场上的

Dasani 瓶装水。但已经造成了很坏的影响。虽然可乐饮品和纯净水都属于软饮料范畴，但所需专门技术和生产工艺却有很大不同。可口可乐公司其实应该坚持脚踏实地，专注于其核心竞争力上。

切记要具备象激光般敏锐的注意力。激光其实是一种不强的能量源。一般上，激光是将功率只有几瓦的能量聚焦于一股极细的光线上。看上去只有几瓦的能量似乎没什么用。但由于把能量高度集中起来，激光却能够切割最坚硬的钻石、根除癌症细胞以及作精密的眼角膜屈光手术。同样的，公司一旦具备象激光般敏锐的注意力，就可以掌控市场。相反的，如果一间公司不够专注，其有限的资源就会被众多产品和庞大的市场耗尽。

原则 46

遭遇困难时不能患上精神分裂，而更要强调集中注意力。

精神分裂患者通常表现为人格分裂、脱离现实的行为及动作失调。管理层需要具有非常敏锐及强大的注意力，而不是患上精神分裂。

搞垮一间公司不需要很长时间，特别是当关键管理人员很糊涂而失去注意力时。只要接下一些亏损的项目及合同，忘记收回债务并允许多余的存货不断增加，一间公司在短短几个月时间内就可能倒闭了。特别在出了问题的时期，你更需要保持头脑冷静。

特别在动手术的阶段，转机经理需要格外集中注意力。转机专家涉及到好几种组织水准，其中有战术也有战略。

战术水准要求转机专家专注于维持并改善现金流动，与所有股东建立公开的沟通方式，和债权人磋商以及发起全面财政管理。

在战略水准上，转机专家要集中精神解决人力资源问题，建立盈利性增长，分析资产，发展另外的投资策略及增加股东的价值。

没有集中注意力的危险在于转机经理不但要被迫应付由危机衍生出来的末枝细节，还要处理推卸责任、怪罪他人及保护犯错误的人等问题。

当新加坡本地企业创新科技（Creative Technology）的股价从 2000 年的高峰下滑了 80％，其执行总裁沈望傅（Sim Wong Hoo）在这个困难时期特别指出："这其实是一个令人兴奋的时刻。比起三年前，我们拥有更多能量。"他对网络公司的垮台有独到的看法。"这些钱来得太容易了。我的观点是钱财来得容易去得快。"他说，"现在所有人都回到起跑线上，而谁是真正的强者很快就会水落石出。"这位具有创新和企业家精神的新加坡偶像即使在科技低迷时期也不在精神上屈服。事实上，他比以前表现出更有活力和更乐观了。只要我没死，就会变得比以前更强大。

鲍勃·伍德沃德（Bob Woodward）在他的著作《战争中的布什》（Bush at War）中证实在 2002 年九月 11 日，当布什面对基地组织发动 9·11 恐怖袭击的后果时，在现场的表现。据伍德沃德的话，当时布什极力使紧张不安的同僚镇定下来。"你知道吗？我们需要有耐心。"布什说道，"我们要有个好计划。听着，我们正处在一个困难的阶段。新闻媒体会尽力寻找我们之间的分歧。他们会试图强加给我们一个不符合最终胜利的策略。才过了 19 天。要镇定。别被新闻媒体乱了我们的阵脚。要抵制次要的猜测。要有信心和耐心。现在都回去工作吧。"

英国首相托尼·布莱尔（Tony Blair）一直能保持集中的注意力，不管是他经历妻子雪儿（Cherie）的法律纠纷时，还是面对阿富汗战争、萨达姆·侯赛因（Saddam

Hussein）、法国总统雅克·希拉克（Jacques Chirac）。不管是来自家庭生活的困扰，还是国内外错综复杂的利害关系的压力，他都不受干扰保持专注，并充满感情地治理国家及在国际社会扮演举足轻重的角色。如果你想当一名优秀的转机经理，就必须全副身心专注于你目前要处理的事务上去。

世界上排名第二的富人沃伦·巴菲特（Warren Buffet）在他的投资策略中同样强调专注。他只投资他所熟悉的业务。他只注意几只股票，在透彻了解它们后把所有资金都押在这些股票上。为把风险减少到最小，他强烈建议投资者们只专注于有限的几只股票。没必要研究每一间公司到专家的程度，只要投资那些你长期以来十分了解的几个就行。

在困难时期，你必须更加清楚地集中注意力以达致最终目标。稀里糊涂而不能集中注意力或者随意浪费有限的精力是不能接受的。

技巧

原则 47

生病公司需要经历手术、复苏和护理。

得了重病的公司需要进入特护病房。此时，公司相当于处在医学上的危险期。与失败的业务打交道要求特别护理和加倍医疗照顾，并很快令人极度疲惫不堪。就像对于生重病的患者来说，医生、辅导员和保险公司会插手帮他们找出生活中的问题一样，你需要一支专家队伍进行干涉并尽快控制局面。

当一间公司处于医疗危险期时，其初期显示出来的病征可能突然恶化并危及生命。这是因为虽然疾病在一开始只表现出轻微的症状，但实际上早就在患者体内根深蒂固了。有时，可以是组成生意模式的脱氧核糖核酸（DNA）发生变异，或者公司文化基因存在缺陷。正是由于这些弱点导致企业步向失败。作为一名重病患者，公司的健康状况可能呈螺旋型迅速恶化且始终不能复原。这些失败的症状此时才变得明显起来。当管理层和其他有关当事人意识到问题的存在时，危机早已扩大而不可挽救了。

许多公司正在生病。致使公司生病的顽疾包括全球经济放缓、由全球化引起的竞争、恐怖袭击以及诸如沙斯与禽流感等全球性传染病。公司生病以后，需要经历三个疗程恢复健康，即：

疗程一：手术——对陷入困境的机构进行重组以面对苛刻而全新的现实，并尽快改善现金流通。在这个疗程中，为使生病公司好转起来，可能要缩小公司规模、进行合理精简、改造或结构性裁员。合理实施财政控制是这一疗程的关键。

疗程二：复苏——重振公司业务以增加销售收入和总体利润。在初步缓解现金周转不灵带来的问题后，公司必须尽快让业务成长起来。在这一疗程中，正确应用市场营销策略至关重要。

疗程三：护理——建立培养一个强而健康的企业免疫系统以维持长期成长。公司在业务取得增长后，还需要不断强化自己，防止同样问题再次出现，并为应付未来市场变化作好充分准备。这个时候应强调的是革新。

为使公司彻底康复，最重要的是完成三个疗程中所开的抗生素处方。有些公司可能需要加重手术疗程的剂量，而另外一些公司则可能需要更多复苏和护理。仅仅通过动手术重组是远远不够的。就像一名医生所说："手术很成功，可惜病人死了。"如果没有复苏和护理疗程，就好像没有吃完你的抗生素一样，病菌并未从系统中根除。一旦下次再生病，残存病菌的毒性可能变得更强而且更难治愈。因为它们已经对抗生素产生了抗药性。于是，你只好使用抗菌谱更广效用更强的抗生素来对付这些产生变异的病菌。

建设一间强大而健康的公司需要花很长一段时间贯彻疗程三。这不是一次性的疫苗接种，而更像从今往后在你生命中的每一天服用维他命药丸一样，去建立起一个强健且蕴含变化的公司文化。

我们可以从另一个医学角度看待在这三个疗程中所用到的技巧。疗程一和疗程二可对应具有侵略性、科学与化学方法的西医体系。西医体系的方法适用于急性病和危及生命的情况。在这种情况下，时间是最紧要的考量因素，可说时间就是生命。疗程一和疗程二是公司转机过程中偏重科学的部分。而在疗程三中，提倡自然、注重整体和哲学的传统中医的应用就显得更适合慢性和全面的护理治疗了。疗程三是公司转机过程中偏重艺术的部分。

为确保彻底康复，切记公司转机医生的话，要认真完成手术、复苏和护理三个疗程中所开的抗生素。

原则 48

最好的处方源自药物和管理的完美结合，即综合东西方最佳的实践经验。

在长达一个世纪的药丸加解剖刀的医学实践后，医生们逐渐发现救治与康复其实并不是一回事。随着医疗科学对传统中医所运用的草药和针灸进行越来越深入的调查研究，混合型新药不断涌现。

在亚洲，人们觉得不适时通常会用传统药物进行治疗。而在西方，替代药物正迅速风行开来。例如，全美成人中，几乎一半目前在传统卫生系统外寻求某些医疗保健。每年接受非传统医疗术士的治疗超过六亿人次。这个数字多于去看保健医生的人次。营养补充剂、替代药品和保健疗法包括了从可靠的（推拿、针灸、脊椎指压治疗法、太极、瑜伽）到可笑的（咖啡灌肠剂）的治疗。这种结合了以严格现代医学对抗疾病及以传统东方草药恢复健康的新型药物正赢得大众越来越热烈的注视和欢迎。

为企业健康所开的处方同样可以向身体保健学习。经理们应采取东西方最佳的实践经验。例如，西方实践中的聘用和解聘制度应与东方的哲学相调和，视雇员为公司大家庭的一分子，并确保沟通与和谐充满这个大家庭的每个角落。公司业绩表现由短期股市指数导向的西方看法可与盈利表现的长期观点相调和。西方的聘用和解聘的招聘政策应与东方的长期雇用做法相结合。

例如，许多人把日本经济复苏缓慢归咎于其终身受雇制度。在另一方面，西方的精简和裁员时代已经产生了不良的反冲效应，如雇员不再对公司忠心，更不愿意为公司牺牲自己的任何一点利益。因此对公司而言，最佳的处方是适当结合双方专业的管理手段和企业家精神。

不少人批评亚洲生意场上所流行的家族经营生意模式。这些家族生意的形成起源于儒家对家庭的观点，即晚辈必须对长辈孝顺、服从并忠心耿耿。另一方面，我们也看到很多西方专业经营的业务中存在弊病。所有西方的财政丑闻和陋习都发生在所谓的专业管理层经营下的业务中。

没有哪件事是十全十美的。采用两者最好的做法或结合两者的优点才是最正确的行动。西药最好用来治疗并消除疾病，而中药则更适合疗养和康复。我们开始了解到，在医药科学中，治疗和康复这两个阶段是不一样的。结合东西方观点中最好的做法才是理想的处方。

重组

原则 49

重组的四个"C"：沟通（Communication）、专注（Concentration）、削减成本（Cost Cutting）和改善现金流通（Cash Flow Improvement）。

重组不是烧杀抢掠的行动，而是需要外科医生那样的技巧。它不需要用大砍刀或开山刀，而要外科用的柳叶刀。重组过程可能涉及到结构改革、规模缩小化、合理化及机构精简。所有这些都要用到相同的基本技巧和方法。

在进行重组时，切记运用四个"C"。

沟通（Communication）：经理需要亲自开诚布公地把重组计划告诉职员们，并和他们随时沟通。这就像一名医生亲自给病人汇报最新病情和治疗进展而不委派护士做这项工作一样。你需要亲自传达重组计划。定期和所有职员、股东、董事局成员、客户以及生意伙伴沟通是非常有必要的。这能使大家参与进来支持重组计划。很多焦虑而不耐烦的人正对重组计划的进展和结果翘首以待。你必须及时公布最新成果并确保每个人都能知道。言行一致，实施和履行所承诺过的事情也非常重要。否则就会象喊一个死尸离开一样。死尸不会离开，但你的朋友们会。

专注（Concentration）：外科医生一次只给一名病患动手术。同样的，生病公司也需要专注于核心竞争力上。在不景气的时期，因为资源匮乏，你必须更加专注。可能的话，卖掉所有的非核心业务。在背水一战的转机局面下，你的注意力要象激光一样敏锐。迷糊、马虎或不确定会侵害你有限的资源。你可负担不起这后果。出售非核心业务以腾出手来专心于更重要的领域。

削减成本（Cost Cutting）：特别是在孤注一掷的局面下，对管理而言，这是一种重要而有效的补救办法。最大程度地削减成本而避免伤到肌肉和内脏器官。情况允许的话，宁愿将非盈利业务截肢也不要试图去包扎和缝合。深入调查研究，并运用外部采办、缩小规模、精简机构、全面减薪等方式削减固定和可变动企业管理费用。节省或削减的每一分钱成本都变得举足轻重。

改善现金流通（Cash Flow Improvement）：现金流通是你生命的源泉。渐渐滑向亏损可能使你偏头痛，但突然间现金流转不足则会立即导致严重的心脏病。在不会进一步对公司造成伤害的情况下，尽量减少你的存货、购买、额外津贴、客户赊帐、未偿还债务以及其他相关事务。确保能尽快收到你的可回收帐款。与你的债权人磋商提高信贷限额，获取更多赊帐限额资源，或者更多时间来偿还贷款。你必须在财政紧张的局面下，尽一切所能迅速改善现金流转形势。

在一个典型的主要重组过程中，让你得出并展示正面成果的时间极为短暂。有很多事情要做和去记住。但你必须区分优先次序并切记四个"C"。

原则 50

在重组过程中，现金就是氧气。

收益是空虚，盈利是现实而现金是确实。用医学术语来说，收益是食物，盈利是水而现金则是氧气。你不能用盈利支付租金而只能用实实在在的现金支付。只有现金说话才算数，其它的都只有付诸行动。

就像一名病危患者需要大量氧气一样，生病公司最紧迫的生命线是现金、现金、更多现金。注入新鲜资金能提供整个体系平稳地前进所需的推动力，并创造有利的成长平台。

几乎每一个需要转亏为盈的局面当中都有一个出问题的项目在加速流血或消耗掉越来越多的现金。由于忽视、否认、管理不当等各种原因，这些问题一直不能很好地解决。转机队伍必须立即用绷带止住大出血及持续不断外漏的现金。转机队伍的任务是彻底扑灭火焰并尽量减小损坏的程度。用西方的话说就是："按住牛角让牛乖乖停下来。"而在东方则称之为："不入虎穴，焉得虎子"。经理们在重组过程中必须采取这种方法。他们也要提倡"企业导泻法"以净化整个体系并定下运作模式的基调。做生意已经不再象以往那样了。

当银行收回贷款或取消公司其它的信贷限额，其他方面的现金周转问题就会出现。在新加坡，当本地银行停止或减少贷款时，许多中小型企业就陷入现金周转问题。在 2003 年，宣布破产的公司和个人达到 4484 个，创下历史新高。在过去，本地六大银行的业务员在感情和业务上了解中小型企业并与其保持密切的银行业务关系。但随着近几年银行间合并与重组的进行，本地银行最后只剩下四间。许多银行业务员遭到裁员的同时，对中小型企业的贷款也显著减少。银行对本地中小型企业的理解和友善也荡然无存。新的银行业务员更加严格。款项不再贷给那些超过银行信用透支额和没有良好会计帐目记录的中小型企业。本地银行也将注意力转移到其他低风险和收费的服务上去。新加坡中小型企业正遭受"公司窒息"的折磨，被剥夺了生死攸关的氧气——现金。

对资金的渴求永远存在着——用来支付租金、工人的薪水、银行贷款和利息、贯彻新科技、更新现有设备、恢复研发工作、以广告支持品牌、进行人员培训、收购竞争对手以壮大公司实力、等等。这样的名单数不胜数。

因而对转机经理而言，至关重要的是想方设法改善短期资产折现能力，并与当前的债权人磋商新的贷款。

改善现金流通的方法包括减少库存并清理掉过时的货物、加强股票控制、增加售价、出售不会对核心业务增值的风险投资、削减成本、寻求重新募集资金、规划可收回款项、贯彻销售及售后回租、利用潜在资产、补偿预付费开支、出租备用能量、说服客户用现金预先付款、强制停工或缩小规模、等等。新鲜资金对启动系统来说是具有决定性的因素。

每一笔收不回的呆帐都是从缓慢的还款开始的。因此，你必须对收款行动保持警醒。高得不成比例的可收回款项和库存是出现问题的征兆。尽管会计报表称之为资产，但实际上应该称作负债。只有现金才是资产。因为你可以用它来购买东西。堆积起来的库存或可收回款项是第一个预警信号，表示虽然你的收入报告中仍显示为盈利，但服务和产品都渐渐不行了。不要把外部租借混淆为正的现金流通。虽然严格意义上的会计这么认为，但只能是短期的想法。只有收到了付款的销售额才是可信的现金流通。所有其它的都是暂时的甚或更糟。

恰当地管理现金流通以达到营运资本的要求是举足轻重的。如果营运资本不足，即使公司盈利，可能也会被迫结束业务。而另一方面，一间不赚钱的公司只要有足够的现金支付债权人，就依然可以继续经营下去。

虽然现金不是一切，但它的重要性就等同于氧气。没有它，你必然灭亡。

则 51

一间陷入困境的公司别想通过与其他有问题的公司联姻迅速摆脱困境。

生意场上的合并就相当于人类社会中的结婚一样。但蜜月期往往比想象的要更早结束。大约介于二分之一到四分之三的合并不成功——不但不会创造价值，反而还破坏价值。根据英国国家经济与社会研究理事会（ESRC）对商业的研究发现，接管会使收购者损失相当于收购前价值的近三分之一。为简单对比收购前后收购者竞价前的收益性，用最传统的股价方法计算，收购行动会导致收益性显著改善。但把包括资本成本及随后的收入等收购成本计算在内之后，就会明显地发现收购行动其实破坏了相等于收购者在收购前30％的价值。

合并与收购的成功率其实低得令人沮丧。盖普林和亨仲（Gaplin and Hendron）的研究显示，在合并与收购的过程中，70％的公司并没有意识到他们的预计协同能力，只有30％的公司从资本支出中获得回报，而有约50％的执行经理在收购一年内离开。《首席财务官》（CFO）杂志报告：“75％的合并与收购令人失望，甚至彻底失败。50％在最初四到八个月内经历了生产力滑落。被收购的公司中，47％的资深经理在收购一年内离任，而有75％在三年内离任。”

《经济学家》杂志1999年报道：“对过去合并浪潮一次次的研究显示平均每三次合并当中就有两次是失败的。回顾任何灾难性的交易，都会有同一个词不断跳出来：文化。文化在公司内无处不在。任何公司文化上的差异都能毒害到公司间的合作。”

均富国际商业业主理事会（Grant Thornton Business Owners Council）对美国750名商业业主及资深经理所做的一项问卷调查发现导致合并与收购失败的主要原因包括不恰当的整合策略、关键人员流失、缺乏强制性战略指导原则以及不充分的沟通。

然而合并始终在进行着。尤其在牛市，股价被兴高采烈地推到令人眩目的高度时，合并就更频繁了。在熊市和不景气时期，陷入困难的公司看上去就象件便宜货，或者与其他患贫血症的公司联手试图摆脱萧条的经济或困境。这似乎在逻辑上说得过去。合并者发现把公司转亏为盈并有组织地成长起来极为费力，而且是讨厌、缓慢而棘手的工作。相比之下，合并则是激动人心、引人入胜而且能通过媒体得到大众的注意和认可。它提供了一个让公司规模迅速膨胀的方法，尽管这并不一定增加公司的盈利。弱小公司的合并把注意力从它们自身的问题转移开去。许多这样的交易产生自商业银行业主高超的说服力。

另一个有利于合并的常用的论点是可达致积极互相促进的联系。互相促进是一把锋利的双刃剑。当一间有问题的公司和另外一间弱小的公司合并，这就等于两个虚弱的人结婚一样，两者都想从对方那里找到安慰和力量。不幸的是，最终他们会发现对方真正的底细，而双方原来是不能和谐共存的。合并高得惊人的失败率说明，两间弱小的公司合并意味着一系列更大麻烦的开始。你不可能用一台坏掉的电脑修好另一台坏了的电脑。原本在各自体内的病毒会互相传染扩散到伙伴那里并使双方都毁损。但是，当一间弱小的公司和一间强大的公司合并时，前者可以享受更强大的管理支援、融资便利及更广泛的客户基础所带来的好处。因为较弱的公司可以从运作效率、市场营销和筹措资金等优势中获益，所以这种合并的成功率大大增加了。

这就是为什么亨利·福特曾说："走到一起是开始，保持在一起是发展，而经营在一起则是成功。"对合并、收购或合伙经营的强烈欲望是公司想要成长或摆脱困境的本能之一。然而，公司一定要坚持美好的婚姻，才能让自身出类拔萃。

两间优秀公司走到一起不一定能造就一个更好的机构。两间普通公司的合并也不能保证一间优秀的机构。而两间弱小的公司合并更不能解决问题。你不能通过合并摆脱困境。

规模合理化

原则 52

缩小规模就象截肢，会产生不良的副作用。

缩小规模就像截肢，切除掉身体的一部分但产生副作用，如降低职员士气和产生不良名声。万一执行得不好，还会严重打击职员创新精神和忠诚度。缩小规模和裁员都是变得更有竞争力的代价之一。如果不去彻底解决问题，而是什么也不做的话，那么以后的代价会更高。对经理们而言，缩小规模并不是改善公司业绩表现的唯一挽救办法。其它办法还包括增加销售收入和其它控制成本措施。但没什么办法比缩小规模更能立竿见影，更有效果。

在美国，一旦公司有麻烦，经常会把枪口对准自己人，进行公司大屠杀。紧接着一轮公司大屠杀后，公司就会被厌食症所折磨，通过进一步的削减成本把自己裁减到只剩皮包骨的地步。公司厌食症虽然能让你更瘦更苗条，但也会让你的身体变得虚弱。所有这一切都是以最大程度增加股东回报的名义进行的。

一刀切的方式缩小规模是有问题的。优秀人才也会因此被辞退。生病公司在市场中的名声因此败坏，再也无法吸引到优秀职员代替那些已经离开的人才。

职员们的忠诚度具有经济意义。因为如果不是首先有一批忠诚的雇员的话，就不能吸引到忠诚的客户。没有一个具高度忠诚的客户群的基础，也就不可能实现长期增长。不幸的是，由于裁员和缩小规模的做法泛滥成灾，职员们的忠诚意识飞速地淡薄下去。许多雇员认为他们工作的公司不值得效忠。

去除公司内多余的脂肪、官能障碍人员、癌症或恶性肿瘤是没有问题的。在生命受到威胁时，最好尽快给生病的部分截肢，而不是上绷带和缝合伤口。而且，最好马上切除所有具边际利润甚至亏损的生意以尽快改善现金流通状况。

有时，缩小规模是不可避免的。例如，合并之后，公司通常出现人力资源过剩的情况。还有的时候，公司失去垄断地位或主要客户后，也可能需要裁退多余的职员。其结果导致一部分人力资源无法有效安置而显得过剩。意大利政治家和历史学家尼克鲁·马基雅维里（Niccolo Machiavelli，1496－1527）曾说："伤害应该一次给完，这样，可以体验较少的痛楚。好处应该一点一点地给，这样，美好的滋味才能持久。"这就是应该一次过完成实施缩小规模的行动。

BBK 有限公司的转机经理蓝道而·莱特·彼得森（Randall Wright Patterson）以扑灭燃烧着的一排房子为例，形象地说明如何拯救一间失败的公司。"如果你试图从最开始的一排救火，你只是跟随着火势走而永远不可能扑灭大火。有时，你必须让头上三四间房子先烧着。趁这个时间设计并实施一套行动方案去挽救失控的形势。在本质上，建起一道'防火墙'去救护这个区其它的房子免遭火患。"同样的，如果你不裁退那多余的 10％的工人，也许就不能拯救剩下的 90％。

但必须小心谨慎地处理好由缩小规模所带来的后果。就如俗语所说："就连老鼠也会逃离一艘即将沉没的船。"大出血或优秀职员大批离职可能发生而给公司至关重要的器官一次迅猛的打击。

你必须在缩小规模行动之后尽快在剩下的职员中重建信任。此时，沉默不是金。对职员们传达这次行动的原因以及重振公司的计划。仁慈地对待被裁退的人员。缩小规模行动的黄金定律是："己所不欲，勿施于人。"可能有一天，你也会成为那个被开除的人。

原则 53

通过外购以较低固定企业管理费用达到极乐世界。

绝大多数机构的前进方向不只是变得敢作敢为，而是变得灵活。戴尔电脑和耐克公司都已演示了外部采购那灵活而快捷的威力。现实世界不再只是快速者吃掉缓慢的了，而是灵活者击败墨守成规者。保持灵活最有效的方法之一是将大多数职能交由外部专门公司完成。例如，戴尔电脑和耐克不再生产他们所需的大部分零部件，而宁愿通过外购获得。这两间公司废除了传统供应链网络，因此可以为迎合客户特定要求而迅速更换零部件而不必在最后负担巨额工厂管理费及大量库存。可是，他们并不把一切都外购。对于那些决定性的零件和知识，他们还是会内部保留。例如，耐克的鞋底还是在美国设计。

现在的机构正朝向虚拟公司的概念发展，利用网际网络把人们、资产和想法联系起来，以创造和分配产品及服务而不必被固定资产的所有权所限制，也不用承担企业固定管理费。一间虚拟公司实质上立于不败之地，也是每一名会计师的极乐世界。因为它意味着几乎没有企业固定管理费。这就是为什么外购正变得非常受欢迎，虽然它也许不一定能降低总体成本，但至少肯定能减少企业固定管理费因而赋予公司更多灵活性来根据市场动向作出改变。

外购目前在美国成为政治上的一个热山芋。人们害怕如果工作都通过外购给了印度和中国，会导致美国本土更多人失业。诸如客户中心、软件开发等服务业的工作正通过外购给了印度。在印度，汇集了数量庞大的接受过良好教育并讲英语的专业人士。而制造业工作正流向崛起成为世界顶尖加工厂的中国。对越来越多流向大洋彼岸的外购做法的指责可能迫使美国立法宣布外购为不合法的行为。美国参议院采取一种新方法，禁止使用联邦基金进行外购，以此来限制美国工作的出口。然而，这有可能违反了美国公司精神。

美国其实可以向德国和日本的经验学习。在八十年代中期，德国工业界失去其成本优势和高价值，而生产能力甚至不能阻止工作流向国外。在八十年代的日本公司业界重复着同样的情景。如火箭般飞涨的日圆汇率迫使许多日本公司将他们的制造工厂外置到东南亚。

德国和日本允许他们各自的工业通过转移到国外低成本高效率的地方运作来取得竞争优势而变得更加犀利。相比目前的美国，尽管面对更缺乏灵活性的劳工法、更少业绩导向的公司文化及更缓慢的经济增长，这痛苦的转型还是发生并且完成了。时至今日，相比美国同类公司，德国和日本公司能够在不遭受显著市场份额的损失下，仍然保持高度竞争力。

环球透视公司（Global Insight，Inc）的首席经济学家巴赫拉维希（Behravesh）先生和诺贝尔经济学奖得主劳伦斯·克莱茵（Lawrence Klein）进行的一项研究发现，和传统的信念恰恰相反，在美国由于高科技工作转移到海外而导致工作机会不但没有减少，反而净增加了九万个。报告指出使用海外资源降低了成本，因而能阻止通货膨胀，增加生产率并维持利率在一个较低的水平。此外，利用全球资源的好处还在 2003 年实际上为美国国内生产总值增加了 336 亿美元。报告补充说，总体国内生产总值预期比没有外购的情况下要高出 1242 亿美元。

要创造一间"所向无敌"的机构，外购并不是唯一的办法。在内部保留一些关键职责有时仍然可以让机构保持最大的灵活性。然而，当一间公司持有很强的偏见而把所有事情都放在内部去做时，可能会因此而陷入困境。例如，劳拉·爱胥莉（Laura Ashley）因为在其他竞争对手都把生产线转移海外之后很久还坚持所有产品都在威尔士生产而被竞争对手远远抛在后头。公司也因此失去活力。

在承认外购的好处后，他们仍然需要花点时间付诸行动。劳拉·爱胥莉的经理们由于忠心或公司责任感的关系保留了在威尔士昂贵的生产设备并设法保住职员们的饭碗。结果，亏损的劳拉·爱胥莉集团在 1998 年被马联工业有限公司（Malayan United Industries Bhd）收购，进而关闭了设在威尔士的五间工厂，并同时退出服装生产业界。

没有企业固定管理费的优势是能够灵活敏捷地作出快速改变。这在为变幻无常的需求而苦恼的工业界尤其有用。当有需要时，你只要相应转变，找一个新的合约制造商或客户中心，而不必被内部资源所束缚。这解放了珍贵的管理时间和能量，并可更好地将其布置在更需要的战术战略计划上面。企业管理不应陷入非核心及低价值的活动中不能自拔。当公司在没有固定成本也能产生盈利时，就真的成为会计师的极乐世界了。

原则 54

以更少脂肪活得更健康；以更少资源做得更好。

在当今竞争激烈的市场上，那些可以持久生存下来的公司都是以较少的资源完成更多事情和计划的。这就是为什么我们正看到越来越多的公司预算在要求减少管理费用和资本支出的同时，又期望提高利润和收入。在市场、股东及投资者们的命令要求下，公司几乎没有自己选择的余地。就像吃东西一样，一间较少企业脂肪的公司的确意味着更多的收获。

卡尔·凡·克劳塞维茨，一名曾经参加过拿破仑战争的十九世纪奥地利军官，被尊为西方军事战略思想之父。他在他的经典著作《关于战争》（On War）一书中写道："战争并不是一种有生命的力量对无生命物质所采取的行动，而往往是生命力量之间的冲突。"

而陆军元帅蒙哥马利（Montgomery）则在第二次世界大战的诺曼底登陆战役中说道："战斗不是单方面的事情，而是战斗的参与者在试图取得阵地或其它优势来给自己的敌人造成最大可能的伤害的情况下，所一再采取的行动与相应行动。"

也就是说，敌人总会反击！这就是军事战略家如此注重敌人的原因。只有当你在产品或服务质量、递送、可靠性等各方面都比你的竞争对手强的情况下，你才有竞争力。而且你必须更有效快捷地部署你的资源。

现今世界面对的是全球化的超额生产能力和供过于求的局面。这些过剩的产品和设备可维持 20 年，直到第三世界国家发展出足够多的中产阶级需求来吸收这些货物和服务。只要制造业继续以相当于从前三倍的速度生产，我们也将面对越来越多动荡不安和问题。对于不断缩水的市场，竞争将会持续日益加剧恶化。

中国人可以生产象发达国家所生产的那么好的电脑硬件和高科技电子产品。新加坡在电子业领域已经败给了马来西亚的槟城。而现在轮到槟城眼睁睁地看着这个领域正逐渐被中国挖空。这就是为什么美国思科公司（CISCO）在密切监视着一间逐渐成为其主要威胁的中国电讯公司——华为技术有限公司。这间中国电讯公司正和西门子信息与移动通讯集团的移动通讯部门携手合作进军中国的时分同步码分多址技术（TD－SCDMA）市场。

因此，在当今竞争激烈的市场上，一个象中国这样的发展中国家也能够在高科技工业界和发达国家正面交锋。这在四十年前是不可能看见的。在全球经济中，现代通讯和交通使第三世界技术人才与发达国家中的人才竞争成为可能。所以，我们必须以更少的资源进行更多竞争。

削减成本

原则 55

彻底削减成本而不伤害到肌肉和重要器官。

对某些公司而言，除非有一个有默契的银行或债权人，否则要生存下去，特别是在面对现金流转危机时，就有必要实施严格的削减成本措施。为实现公司转亏为盈而削减成本可能挽救得了公司业务，但总会留下后遗症，即一支士气受挫的工作队伍迫切需要重建他们的信心和工作动力。关键问题常常在于公司是否能够以目前完整无缺的管理力量东山再起。

许多中小型企业不能着手实施大规模的削减成本方法，如进行大量裁员或处理掉大型资产，从而迅速获取现金。中小型企业通常很难留住他们的职员，也没有太多资产可以出售。而且，他们从银行业主和债权人那里争取信贷赊帐限额时，极可能碰到困难。因此，在进行削减成本时，他们要非常小心不伤害到肌肉和内脏器官。因为，任何失算都将是致命的。

一间在荷兰经营肉类、调味料和汤品的联合利华（Unilever）的子公司陷入极大的麻烦。相对其它挑战，它所面临的两个最严重的问题是不断缩水的市场和疲惫的机构管理者。一名新主席临危受命来收拾这个烂摊子。他迅速采取行动撤换了那些缺乏商业敏锐洞察力和积极性而不能鼓励业务成长的主管，同时以新行话说服了持怀疑态度的工人乐意接受成长和挑战。

一群更年轻的经理们被遴选出来作为团队领袖，为探索未来成长的新方向充当先锋。他们制造新产品、打开新市场、并显著改善了生产和利润。除了增强现有品牌效应外，他们也成功地强化了和零售商及客户们的关系。公司总共花了五年时间重建业务，最终能够实现两位数的年度增长。

管理层一定要勤奋而有组织来确定任何不必要的开支以便去除之。这可以包括订阅杂志。因为现在信息都可以在互联网上找得到。通过竞标服务供应商能以较低价格减少电话和能源帐单。此外，除了复印机会经常出毛病而需要维修合约外，其它维修合约通常并不合算。通过取消反应不佳的广告而将资源集中在最有效的媒体上来减少广告成本。削减成本还可以推广到娱乐、募捐、慈善以及其它值得这么做的事情上去。处在转机局势中，即使是慈善活动也必须对投资取得回报。在当前阶段，只有购买办公用品是必需的。而即便如此，也可通过购买促销减价品来节省开支。对更紧俏的办公文具供应，最好能委任一名职员负责物品储藏柜。任何人都必须为所申请到的用品及时签收。昂贵的海外旅行可以换成与海外子公司进行视像会议。尽量减少保险开支。因为在这个特别危急时刻，生存才是最重要的。减少专家酬金和银行财政费用。

缩小规模、精简机构、外部采办及商业运作重组都是给公司减肥的处方。但这些治疗只是正确答案的一部分而已。这是由于职员成本通常是公司开支的一个重要组成部分，因此就被看作是公司身体上一块显眼的脂肪。其实，让职员们参与削减成本行动是非常重要的。因为他们更清楚脂肪到底藏在哪里。机构里的人员可以制造公司脂肪，也可以制造公司肌肉。他们能否完成任务以及能完成得多好决定了公司的成功与否。在削减成本行动后，需要把预防及消除不必要成本的观念逐渐灌输给职员们，并让他们保持这种正确的观念。这是势在必行的。公司千万不能因为职员沾沾自喜而在漫漫征途中败下阵来。

许多公开列名公司都被名为"季度表现"的病毒所感染。每季度展示优异的财政成果的需要可能变得不切实际了。这种病毒使公司为了达到脱离现实的季度目标而放弃长期业务增长。它致使削减研发和新产品开发以及广告与促销开支。这些行动的后果可能剥夺了公司在未来拓展中至关重要的燃料和动力。

有些陷入困境的制造公司可能试图把长期财富的增长换成短期的利益。这些鼠目寸光的公司可能会削减维护费用，甚至把从未用过的设备上的零件拆下来当作其它机器的备用件。用这种以次充好的方法来管理公司正危及着未来前景的安全。因为性命攸关的肌肉和器官被切除了，也就剥夺了身体重获力量和能量的机会。

原则 56

成本控制是孤注一掷的转机局面下一种重要的管理解救手段。

多数公司从瘦小的状态开始运作。随时间推移，有一部分成长并繁荣起来，也因此变得肥胖。公司肥胖症是由不必要、额外和过时的商业惯例所致。它通常把给予雇员和股东额外丰厚的津贴及好处摆放在客户利益之上，而最终无法维护客户价值。公司的脂肪可以埋藏在其文化深层。"公司的钱反正不是我的"是一种常见的冷淡态度。这种态度被许多受到肥胖症文化影响的人所采用。他们认可挥霍无度的工作方式和态度，并将之作为模范标准。当公司文化拥护使用公司开支来满足个人需要或不再适合新环境要求时，就会变得臃肿肥胖。即使一间成功公司也会因此变得自鸣得意，采取最简单的解决办法去限制产品革新及不满足客户要求。当市场需要更多创造性、灵活性和适应性，但公司文化却永远等级森严且奉行自上而下的决策方式时，这种公司文化就不再适合新的环境了。

任何念商学院一年级的学生都知道如何削减成本。这里关键是成本要怎样去削减才能重建短期财政健康而不伤害到生病公司的长期利益。转机经理应分别和各部门的经理讨论相关细节，并在行动早期恳求他们的建议。这可显著改善通力合作并大大提高成功的机会。有时，职员们也能提出为公司节省时间或金钱，甚至两者兼顾的有价值的建议。切记这不是指指点点制造不必要压力的时候。关键是去培养一个有利于解决问题、安定团结及为以后获取更多财富而把每个人的私利投入工作中去的环境。

有时，削减成本可通过改进处理方式和运作效率来实现。通过这种做法，重复和无效率生产能减少到最低。有些情况下，通过外购也能取得相似甚至更好的结果。外购的优势在于使你能够把注意力集中在对公司运作至关重要的领域，而不必被对公司成功无关痛痒的小事所分心。人力开支可以通过多工种交替培训的方式显著减少。例如，秘书除了做打字和安排老板活动等常规秘书工作外，还可以接受培训去完成商业分析和撰写报告。因此，通过分配职员去完成高增值工作，可以提高生产率。

迈克尔·戴尔创制了一套规则：通过成本控制保持低廉的价格，而不是降低质量品质。其公司应用恰到好处的制造技术，即所出售的系统基于用户所下订单而去生产制造，以此降低存货成本。目前，其网站直接面对客户的支援服务项目大约有八万多个，大大减少了处理支援维持事务所需的雇员人数。而且使用互联网与客户直接互动，戴尔消除了制造商、批发商、零售商这一传统销售网所带来的额外成本。这些革新策略震撼了市场。在短短一年内，戴尔的网上销售额高达每天一百万美元。在 1999 年，戴尔启动了自己的在线超市 Gigabuys，网上销售额更飞升至每天三千万美元。如果那还不足以证明戴尔的成功，那它的生意计划就是一个被最多进退维谷的电子商务公司所模仿的生意经。

不必要成本永远是你的头号敌人。你必须动手处理每一个成本条款，证实并去挑战它。不管你的公司是否陷入困境，成本都是能致你于死地的真正威胁，就算你能够推出更好的产品也无济于事。如果你的产品成本已经达到竞争对手的销售价，那你一定不能把生意长久做下去。

退出

原则 57

知道何时退出，别做"活死人"。

在企业世界里存在着一种"活死人"，即那些悲惨地生存着，但却转机无望的生病公司。这些公司需要奇迹来起死回生。它们之中有不少需要改换 DNA 或商业模式。技术上而言，它们已在商业上破产，而业主们一旦停止运作，就会面对破产的命运。因此，这些"活死人"只是在死亡线上徘徊，等待着死亡判决的到来。对其中一些公司而言，死亡判决可能花上数年时间，在业主决定不再把有用资金扔进水里时到达。而另外一些，象新加坡建筑业公司的泡沫则越吹越大，继续接下亏钱的项目去填补早先的损失。

这些"活死人"当中，有的是欠下银行巨额债务的大型公司。然而，银行并不希望让公司停业。正如俗语所说："当你欠下银行很多钱时，你就是银行的了。"银行可能已经被这些"活死人"所拖累，一起上了贼船。因此，这些"活死人"在短期内还能苟延残喘。一个典型的例子是唐纳·杜林普（Donald Trump）的企业帝国在八十年代陷入重大财政困境。那时，他欠了银行巨额款项，而银行却无法痛下决心停止继续贷款给他。因为这样一来，他们会被一起拖下水。

如果公司被这种局面所困，业主必须采取一些强硬的决策手段来摆脱窘境。重要的是知道何时激流勇退。最佳的出路是摆脱非核心或业绩表现不佳的业务。因为对这种业务管理缺乏信心，且可以预见的是进一步的损失及盈利下滑。去除这类表现不佳的资产，可以释放出资金用于核心业务的投资。

如果你能适时退出，就不再感到这是机构经营上的失败，而是对你的价值解除禁锢。最佳出路应出于战略眼光，而不是作孤注一掷的困兽斗。一旦作困兽斗并伴随惊慌失措的心理，大多数情况下所导致的后果是公司价值的泯灭。成功的出路需要制定很多计划，并能最大程度地增加股东价值，减少成本、负债和破坏，而且增强企业价值。

对许多"活死人"而言，适时选择最佳出路是非常必要的。对有些公司而言，这意味着在收购或整合包含非核心或非盈利资产的大规模行动之前，先要进行充分的准备和清理。对其它公司而言，商业模式需要随市场变化而作出调整修补。管理层要能够保护公司从可怕的局面中摆脱出来，并把匮乏的资源重新分配到其它恰当的地方以获取更好的回报。而对一部分公司而言，可能股东和业主已经厌倦了做生意，而决定从事其它事务。

有许多渠道可以保护公司摆脱困境。一种方法是把出售业务作为当前的考虑因素。另一种方法是在彻底放弃之前先试图将公司从财政亏损中拯救出来并转为盈利。如果公司转亏为盈的希望渺茫，则最好立即关闭公司，减少亏损，另谋出路。公司经营失败并不是什么丢脸的事情。许多成功企业家在闯天下的早期都遭受过失败。但他们都能够百折不挠，随后又东山再起。更好的做法是卧薪尝胆，弥补损失以求来日再次驰骋商场，而不是因为试图挽救无望的局面而被彻底拖垮。

在出售有问题的公司时，通常很难卖到一个好价钱，更难捞到什么好处。许多收购者尽量避免收购一间令人头痛的亏损企业。他们发现要说服股东们承担风险收购一间亏损企业是极为困难的。例如，在中国，一些亏损的国营企业以一块钱的价格出售，而且不必负担以往的债务。然而却没什么人问津。你永远不知道你买进来的全部债务会是多少。

在新加坡，许多生意正蒙受亏损。高租金、昂贵的人力资源、等等已经把所有利润蚕食殆尽。然而，很多企业家却进退维谷，不愿意关闭自己的公司，否则他们就要立即办理破产程序。但关闭这类公司如果有任何延迟，就会导致损失得到弥补的希望遭到破灭。

在你着手挽救公司之前还有几点要注意。挽救行动的痛苦和努力是否值得？你情愿为了能让公司继续运作而把资金扔进水里吗？因此有必要咨询是否让一间公司死亡比让其生存下去更值得。如果公司变成吸血鬼，既不是活着也没有死亡，而是以活人的鲜血为营养维生，那么此时就要用木桩钉透吸血鬼的心脏，以解放这"活死人"痛苦的灵魂。此时，死亡比活着更值得。

原则 58

管理业务就像养育子女，如果你爱他们，就要适时放手。

随着子女长大，做父母的就要学着让他们离开家庭的保护，以便继续他们梦寐以求的学业、事业及婚姻。公司也一样要学着适时放弃手下的业务。有些业务要关闭，而其它的则要出售或解散。这通常是一个困难的决定，因为就像子女离开家庭会让溺爱他们的父母遭受打击一样，公司的确也会患上空巢综合症。

出售、中止合并关系或解散始终在发生，而且其影响力比缩小公司规模、精简机构等的还要大。电信业巨头 AT&T 是第一批解散的跨国巨无霸之一。陆坦西亚（Luthansia）卖掉了自己的航空运输业务。瑞典山朵思公司（Sandoz）放弃了它的化学部门。

解散的原因之一是要得到更集中的注意力。一个集团的总裁无法为旗下一个子公司作出正确决策。因为他无法了解与子公司有关的一切细节。所以，如此大型的联合企业是无法与专精于某一特定领域的竞争对手相抗衡的。如果人们对自己的工作有发言权的话，他们就能工作得更好。中央管理者为了权力和建立帝国而责怪子公司。中央总部的官僚主义一方面增大业务，另一方面却又使其陷入困境。

解散的另一原因则是要得到合理的股票价格。投资银行家事实上也希望如此。一个大型集团的股份反映了集团业绩表现的平均水平。如果较优秀的子公司被解散，它就会获得更高的股票价值。集团的分解就相当于股票分解。而股票分解则是列名公司为吸引更多投资者购买其股票的一种流行做法。例如，一间每股 80 美元的列名公司分解成每股 40 美元的两间公司之后，就会吸引更多买家。因为分解之后的股价降低了，也更能被买家承受。

解散的第三个原因还可以减少债务。当子公司加速成长时，可把现金转回母公司，而把子公司连同债务一起卖掉。害怕被接管则是另外一个原因。例如，ICI 公司直到制药部门受到被汉森公司（Hanson）接管的威胁之前都以共有制的方式保留化学和制药部门。为避免被接管，ICI 公司创建了生物科学公司：捷利康公司（Zeneca）。

有人把公司分成相互竞争的两个部分。而有人则在陷入困境的单位拖累整个集团之前就处理掉这个问题。例如，许多烟草公司因害怕法律纠纷而脱离母公司。

可是，规则中总是有例外。通用电器没有为保持竞争力而分解。相反，杰克·威尔齐在八十年代作出的最佳方针是摆脱了通用电器没经营好的生意。那些从通用电器分离出来的公司后来经营得更为出色。如果他们还在通用电器旗下，恐怕就不能取得这样的成绩。对 IBM 而言，卢·葛斯纳（Lou Gerstner）没有被"为转亏为盈而分解 IBM"的论调所说服。卢鼓动机构专注于服务。事实证明路不分解 IBM 是正确的。而分解 IBM 正是其前任约翰·阿克斯（John Akers）所想要的。

就像妇女生小孩一样，让子女离开是很困难的。但你必须欣赏并能安排好这件事。你也要从中获取物有所值的东西。别让利己主义和感情妨碍到自己。如果进行得不顺利，就停下来。

评估你的业务。有些可能在分解后经营得更好。对于那些患上绝症的，可能最好的办法是关闭并为之举行葬礼。

官能障碍

原则 59

官能障碍的人员有两种：良性和恶性肿瘤。

和人体一样，公司身体内也有两种造成官能障碍的肿瘤：静止性而表现为休眠状态的良性肿瘤，以及非常危险而有害的恶性肿瘤。这两种导致官能障碍的肿瘤都会对公司造成伤害。因而不能任由它们为非作歹而置之不理。

良性肿瘤是由那些失去工作动力而无法卓有成效地对公司作出贡献的一群职员组成。他们当中，有些人不能得到其他工作。于是，他们在公司里混日子，等待在裁员时拿到遣散费。在较为优秀的同事离开公司寻找更新鲜的牧场之后，公司里很多剩下的人员就变成了蛀虫。这种局面是不健康而且不利于生产的。因为他们当中，有些人不断地抱怨，散布谣言，甚至通过降低生产效率妨害公司运作。在处理这种良性肿瘤的病例时，应该在解雇他们之前先试图激励他们。可能的话，应试着从提高工作动力和发展培训方面着手诱导出他们的最佳工作表现。这些患官能障碍的人员就像野草一样。如果你不去认真管理，患病的人数就会很快扩散开来。有些良性肿瘤也可能转为恶性肿瘤，需要密切留意观察。

恶性肿瘤的情况则有害得多。就像恶性癌瘤或癌细胞一样，这样的职员始终在和公司作对。因此必须尽快将这种人从公司清除出去。

诚实度有问题的职员从供应商、批发商和竞争对手那里收取贿赂就是一个恶性肿瘤的例子。恶性肿瘤不仅是身体上的疾病，它还使精神陷于负面状态。其它恶性肿瘤的例子包括态度不正确或不称职的职员。这些职员有一种难以改变的负面思想理念，会阻止公司的进展而对公司造成伤害。恶性肿瘤还包括不称职的管理层职员。他们通过聘用其他不称职的人员使"不称职的恶性循环"得以延续下去。就像癌细胞一样，如果不尽快切除这样的肿瘤，它们就会增生扩散。

有些公司由于秉持终身雇用制的原则而迟迟不对这些恶性肿瘤采取行动。因为他们不想开除这些不工作的雇员，而将之放入"SLEEP"部门，即"最无生产力和效率人员隔离区"（SLEEP：Segregation for Least Effective and Efficient Personnel）。在"冷藏"或"SLEEP"部门里，职员们仍然照拿薪水，但却没有任何责任委派给他们。公司希望这些患有官能障碍的职员会在压力下辞职而不用解雇他们。然而，现在的公司已不能承受这些不事生产的人员了。日本人已经了解到终身雇用制不再适合衰退期的市场现状。最好暂时忍受刚刚切除恶性肿瘤时的痛楚，也不要承受任由癌症扩散到整个体系所带来的持久不去的病痛及不可复原的伤害。

原则 60

官僚主义是生产力的寄生虫。

在医学定义中，寄生虫是一种生活在其他生物体内以消耗宿主为生的生物体。官僚主义是一种不适当地强调坚持运作中复杂的程序和僵化的规则的行政体系。其经营管理特征为大量的官样文章和例行公事，阻止了有效行动，迟缓了决策制定并增加了不必要的成本阶层。官僚主义有时被形容成"尾巴摇狗"，即这个原本是从属地位的行政体系反而掌握全局控制权。它是生产力的寄生虫，就像挂在脖子上的大石头一样，严重限制着灵活性。

大多数大型机构内都或多或少存在着某种形式的官僚主义。官僚主义主要由在 1923 年成为通用汽车公司的董事长和执行总裁的阿尔弗雷德·P·斯隆（Alfred P. Sloan）所创造，是一种特定而固有的结构方式。当时，他面对通用汽车处于杂乱无章地扩展局面而急需一个有序组织，认识到公司命令有必要统一连贯。是斯隆把通用汽车配置散漫分布广泛的各部凝聚成互相紧密结合在一起的公司。那种组织结构形式奏效多年。但在八十年代，随着商业需求越来越高以及走向全球化的趋势，它也开始变得越来越有局限性。

杰克·威尔齐告诉他手下的人要"跟它搏斗，踢开它。"威尔齐以"合作无边界"和"群策群力"等首创精神与官僚主义进行了一场长达二十年的战争。在通用电器的价值名单中特别写到提出公司对官僚主义决不容忍的态度。多年以来，这条款项一直位于名单的前几项中。威尔齐认识到官僚主义的反作用，而且知道除非他能摆脱官僚主义最糟糕的部分，否则通用电器就无法真正成为全球竞争者。他称官僚主义是"制度行为上的吸血鬼德古拉"，意思是说在用木桩把它钉死之后，还能不断起死回生。他所关心的是官僚主义正悄悄地潜伏回机构内。他憎恨官僚主义，知道繁复的阶层会延缓决策制定。为使通用电器变得更为敏捷和更具竞争力，他对机构进行精简，排除使用总部。通过一次又一次发动对官僚主义和老习惯的"战争"，威尔齐奠定了扎实的基础并最终把通用电器建设成为一间以善于学习闻名的机构。

将英国国营企业私有化的前英国首相玛格烈特·撒切尔夫人（Margaret Thatcher，任期 1979－1990）并不拥护官僚主义和舆论。她曾说道："对我而言，舆论就好像是这样一种处理方法：遗弃所有信仰、原则、价值和政策去寻求某种没人相信但也没人反对的事物；仅仅因为你对前途无法达成一致，就避免去碰那些一定要解决的特殊问题。有什么伟大的理想是在'我代表舆论'的横幅下战斗并取得最终胜利的呢？"

因为私有化，英国企业得以减低官僚主义的影响并重新获得正常的公司益处。许多其他国家跟随英国的脚步将自己的政府部门私有化，因而尽力减少官僚主义的影响并刺激生产力的提高。

如果你希望对市场变化作出迅速即时的反应，那么"指挥及控制"模式的官僚主义就不是做生意最好的方式。做生意更重要的是让每个人都参与进来，而不是固执地坚持等级森严的组织。许多公司正减少总部的官僚主义，因为后者使公司陷入困境，抑制个体思考和快速决策的能力。商业正以飞快的步伐前进而官僚主义却扼杀了革新创造。把官僚主义处以枪决，因为它是生产力的敌人。

阶段 4：恢复

时机

原则 61

从怀孕到分娩需要九个月时间。前沿科技酝酿成熟也同样需要花时间。

许多健康公司陷入他们成功的陷阱中。他们倾向于更"科技"导向模式，而非"市场导向"。许多公司先发展产品，然后再出发寻找适合这种产品的市场。真正成功的公司先考虑市场状况，然后才开始发展产品。

艾克森化学制品公司（Exxon Chemicals）曾经是世界上最大的传真机供应商。但是艾克森化学制品公司太超前于时代了。在造成可怕的财政亏损后，它决定放弃。而后来的佳能（Canon）等日本公司则成功运用传真技术，取代了艾克森的地位。在八十年代，许多可视图文服务，象新加坡电信的文字电视广播都取得亏损。可视图文技术看上去很有前途，每个家庭都能够通过电视屏幕处理电子数据和信息。唯一的问题是市场应用及服务的普及性还不足以创造一个临界观众群来保证收益。可视图文服务还需要花时间获得广泛的接受来打入市场。虽然互联网需要更少尖端科技而且比可视图文更早起步，但前者却在所有在线服务中独占鳌头。而且，尽管与互联网相比，可视图文拥有质量更高色彩更丰富的图像和更尖端的科技，但互联网却具有被更广泛市场所接受的优势。因此，可视图文的应用在互联网的优势下就显得相形见拙了。

以下表格列出其它科技产品从发明创造到在商业上应用所需的酝酿期。随年代越来越近，酝酿期也越来越短。

发明创造	发明年代	投入生产年代	等待时间
日光灯	1852	1934	82 年
雷达	1887	1933	46 年
圆珠笔	1888	1938	50 年
拉链	1891	1923	32 年
柴油机车	1895	1934	39 年
动力方向盘	1900	1930	30 年
直升机	1904	1936	32 年
电视	1907	1936	29 年

科技加速需要很长一段时间。然而，从发明创造到投入生产这段时间的流逝正在加速缩短。

对科技而言，有一个触发点，即当价格降到足够低而该项科技得到广泛的应用以致人们普遍觉得他们想要拥有它。如果一种科技在市场中的应用时机还不成熟的话，这种科技可在达到触发点之前的很长一段时间里都潜伏着，不被人们意识到。关键是要随时为达到触发点作好准备，并在其到来的时候争做弄潮儿。

一旦一种科技成熟而被市场积极地接受，就会永久地改变我们做生意的方式。就像传真科技淘汰了电报；电子邮件科技可能有一天也会淘汰传真。光盘正逐步淘汰着录像带科技，而可能有一天光盘自己也会被数字化视频光盘（DVD）所淘汰。

仅仅几年前，人们买电脑时还不会要求配一个 DVD 光驱。而现在，他们已经认为 DVD 光驱包括在标准配置内了。不是很久之前，无线电话还不是很常见。而现在，即使学生们也把它当成上学必需品之一了。在八十年代，互联网还不流行。而现今如果有哪间公司没有注册网站就不算在做生意。

然而，许多网络公司都有勇无谋地以为新经济革命会在推出新产品或服务的数月间彻底改变消费者的习惯。电讯市场就是一个很好的例子。一间接一间的起步公司承诺新科技可以集合数据、声音和视频于一身。而他们没成功的原因不是因为科技不能做到这点，更重要的原因是有关市场还够不成熟。许多这类起步公司最终被自己的债务负担所压跨。

为获取竞争优势，你想要你的公司处于前沿位置。你想要衡量科技进步而为新科技的触发点作好准备。先锋们确实要面对箭矢而所有前沿阵地经常会变成血流成河的修罗场。对于一间小公司而言，你没有发展前沿科技的资源。你可以通过正确工具合理应用现有科技来使你的公司对触发点作好准备。

这就是为什么罗莎贝斯·摩斯·肯特（Rosabeth Moss Kanter）曾说过："在我们之前的问题不在于发明创造新工具，而是正确使用我们已有的。"

原则 62

生亦有时，死亦有时。正确的时机是一切。

正确的时机绝对是非常重要的。一名华裔商人曾说，要使事业繁荣兴旺，你必须掌握恰当的时机。

对产品生命周期而言，如果一间公司进军某一特定市场的时机过早，比如也许在刚被引进的阶段，那它可能无法获得全部利益。打基础可能是困难的差事，需要为打开市场而不得不投入大量资源。在这个过程中，早期的参与者可能要犯下很多错误并为此交纳高昂的学费。一个很好的例子是早期进军中国的先驱公司当中，大多数都是亏损的。因为那时中国的商业基础设施还相当落后。

然而，如果公司进入市场的时机太晚，例如在产品生命周期达到饱和甚至已经处于衰落阶段时，就会因为非常激烈的竞争而要冒着未来成长潜力受到限制的风险。相关的例子包括了众多刚起步的网络公司和电信公司。因为他们原来是拥有真正资产和商业计划的业界领袖，当时似乎非常有理由进入市场。可是由于高科技股在新千禧年伊始的崩盘致使那个时候成为一个非常糟糕的时机。

进入市场的最佳时机是在成长阶段。而有能力把握这个机会并采取及时行动也是非常重要的。比起比尔·盖茨和保罗·艾伦，IBM 和数字器材这两间公司有着更好的途径掌握科技。这两间巨无霸公司也认识到机会，但却把科技应用的范畴局限在以他们现有和经常升级的产品来服务他们现有的公司客户。结果，两间公司都没有认识到采取行动的最佳时机而错过了个人电脑的头班车——使王安电脑公司（Wang Computers）走向成功的专用电子文字处理器。而后者同样错过了最佳时机，没有看到个人电脑除了处理文字外还有很多强大的执行功能，并会取代电子文字处理器。而微软却看准了时机和契机。

IBM、数字器材和王安电脑这些公司中没有一个人注意到 MITS Altair 8800 （微型仪器与自动测量系统公司推出的"牵牛星 8800 型"商用个人计算机）："世界上第一台商用型微电子处理器"。1974 年一月刊的《大众电子学》杂志（Popular Electronics）上的这个大字标题启发了盖茨和艾伦去为这个机器的运行编写了一套后来广泛使用的 BASIC 电脑编程语言。剩下的则成为了历史。在《拥抱未来》（The Road Ahead）一书中，比尔·盖茨谈论到："参与个人电脑的第一波革命看上去是千载难逢的机会。而我们却把握住了。"

因此，识别正确的时机和趋势是至关重要的。无论如何也不能把时尚误以为趋势。趋势是不可阻挡的，而且持续时间也远长于时尚。七十年代的趋势是微波技术，八十年代是录像机，而九十年代则变成是个人电脑和互联网。到了新千禧年后，我们希望趋势会是企业世界中的保健科技。企业健康与身体健康也同样会成为大势所趋。因此，要向尼尔·皮尔特（Neil Peart）所说的那样做好准备："好运气在对机会准备充分时就会来临。"

万事必有其因。时机决定一切。

消费者

原则 63

消费者的忠诚是组成事业的一针一线。

消费者们不会以你每股赚了多少钱来衡量你,但他们有自己的衡量方式。从消费者那里得到的最重要的东西是他们的忠诚。忽略了这个关键因素的公司将面临成长缓慢、盈利微弱及企业寿命缩短的黯淡前景。

消费者忠诚问题大师,畅销书《忠诚度效应》(The Loyalty Effect)和《忠诚度法则》(Loyalty Rules!)的作者弗雷德里克·F·雷切德(Frederick Reichheld)辩论道,忠诚度是你的竞争优势和生存的保证。根据他的研究,消费者"回头率"每增加5%就能转化为收益性介于25%到95%的增长。

当你不顾你个人兴趣而去为消费者额外多做一些事,当消费者觉察到你例外帮了他,并比预期付出更多的努力时,结果就往往能让他为你效忠。"比预期付出更多努力"可表现在许多不同姿态和行为上。有时,它们和你的正式合约扯不上一点儿关系。这可能包括帮你的客户送子女上学。付出这额外的努力会建立消费者的忠诚度。只是因为它增强了信任,表示出你更关心消费者的利益而不只是自己的议事日程。这种隐藏在额外付出背后的东西可称之为互利互惠。

现时今日,生意场上的问题是他们不再衡量或评估忠诚度的价值。会计师们为资产、成本、收入和存货清单发明设计出一套套复杂精密的计算方法。但却没有区分销售收入是来自新消费者还是来自老客户。对老客户的投资和收买新消费者被当成是成本,而不是维持一生的客户关系的分期付款。因此,忠诚客户的全部价值就被隐藏起来了。

最有效率的执行总裁从市场角度出发,然后再回过头来创造一个专注于满足客户需要的机构。最好的例子就是戴尔电脑公司,一间实质上一切运作以消费者为中心的公司。迈克尔·戴尔曾说过,他没有依靠伟大的先见之明创造出举世闻名的戴尔直销模式,虽然这种模式使得公司与众不同并为公司拓展壮大立下汗马功劳。"戴尔直销模式有好几个特征,"迈克尔·戴尔声称,"当然,随时了解消费者需要是最基本的原则之一。"很难想象还有比戴尔电脑公司更加以消费者为中心的机构。因为它的每个产品都是根据客户的订单而生产的。而且整个公司的构成就是围绕着客户或客户群的。

沃尔玛不计成败的成功模式应归功于其创办人山姆·沃尔顿(Sam Walton)非常极端的许诺,即不管消费者住在哪里,都要提供他们最低的价格。山姆·沃尔顿曾说:"沃尔玛花费的每一元冤枉钱都来自我们客户的口袋。"他还说过:"我们只有一个老板,就是我们的消费者。他可以开除自公司主席以下的每一个人。办法很简单,就是把钱花在其它地方。"直到沃尔顿去世十多年后,这种情感依然深深烙印在公司精神中。2003年,沃尔玛被《财富》杂志评选为全美最受羡慕的企业。

在 IBM 前执行总裁卢·葛斯纳的著作《谁说大象不能跳舞？》（Who Says Elephants Can't Dance?）一书中说道，在 1990 年 IBM 与市场和自己的客户脱离了联系。那时，公司无法在业界把握住微电脑革命及其它重大改变而几乎破产。卢·葛斯纳重振 IBM，把专注于市场作为成功的唯一有效手段。他在头两个月开始告诉几乎所有听众，要由客户决定 IBM 的运作，以客户为后盾重建公司。

也许对消费者的重要性，通用电器的前主席杰克·威尔齐在最后一语道出消费者的重要性："公司不能保证给出工作。只有消费者可以。"换句话说，不在市场上成功，就会失去工作。

在机师决定回闸口去接一名迟到的乘客一事上，美国西南航空公司的执行总裁赫伯·凯勒赫（Herb Kelleher）被 1994 年二月的《财富》杂志引述道："规章制度固然重要。但最重要的是把事情办好。"引用百事可乐公司的莎莉·布莱斯（Sally Price）1994 年三月 21 日在《商业周刊》（Business Week）的话说，"我们将客户服务这个在过去被认为是不得不设立的部门转变为一种竞争优势。"消费者不再是君主，而成为了独裁者。

原则 64

确保痊愈，而不仅仅限于吃药。和消费者建立关系，而不仅仅限于取得一份订单。

肤浅的行动在这个竞争激烈的市场上是不可能取得成功的。我们每个人都可以因为自身的疾病吃药，但目标是为了治愈疾病。每间公司都可以取得一份订单，但最终目的是确保得到一名忠实的客户。有句中国谚语说："换汤不换药"。这不会有任何效果。可悲的是，有时我们在行销上面花了大量的金钱，但对我们的客户却几乎一点儿都不了解。

在过去，目标是让客户满意。而今天的赌注已经提高，仅仅让客户满意已经不够好了。现今的目标是赢得忠诚的客户。他们不但不会因为价格较低就投入你竞争对手的怀抱，反而依然定期购买你的产品和服务，甚至会把你推荐给其他消费者。

论坛公司（Forum Corporation）曾经做了一个研究分析 14 间主要制造和服务公司失去贸易客户的案例。大约百分之十五的客户转换供应商是因为他们找到了较好的产品——基于产品质量的技术衡量，诸如故障发生间隔的平均时间更长或缺陷率更低。另外百分之十五这样做是因为他们找到了更便宜的产品。有百分之二十的客户逃走是因为在原来的供应商那里"得不到足够的联络和特别照顾"。还有百分之四十九的离去是因为"旧供应商联系人员素质欠佳"。将最后两个范畴归纳为一个的话，我们可以说，15%的客户离开是因为质量问题，另 15%由于价格原因溜走，而近 70%客户离开的原因却是因为他们不喜欢与产品和服务提供者关于人性方面打交道。换句话说，就是双方的关系出了问题。最近的发现表明，由于狗咬狗的残酷竞争环境，65%－85%的消费者宣称他们尽管对以前的供应商很满意，但仍然毫不犹豫地投奔下一个供应商。所以，仅仅让客户满意是远远不够的。

发展关系要经过三个独特的阶段，而你的角色也随着不同的阶段在改变着。你开始时是一名可供雇用的专家。这是你的客户第一次知道你时，在他眼中的你。关键是如何打开局面并建立一个长期稳定的关系。接下来，你成为一名稳定的供应商，而重复稳定的生意是你的回报。然而，你依然只是一个卖主，被排除在你客户的内部圈子之外。你应该把成为你客户的特别顾问作为目标，甚或发展为具有广泛生意基础的顾问。

成功的公司也倾向于和其客户们建立私人关系。高级酒店对于其常客的嗜好存有丰富的记录，包括从他们期望某个特定的房间道迷你酒吧里摆放的物品。成功的在线公司，例如亚马逊，利用科技来建立同样的私人关系。当你登陆亚马逊网页时，你会受到点名欢迎，它提醒你上次的交易，并根据你的个人档案里有关的兴趣所暗示的那样来提出新建议。同样的，个人电脑也变得越来越有人情味了，尽管文字处理和网络浏览软件还必须保持标准化。用户渐渐地可以从网际网络上的免费网址获得更多下载选择。他们可以用宏指令、声音和其它选项来改制他们的电脑。

由于公司认识到消费者们需要前线销售和支援配套的联系，客户中心因而在当今风行起来。当客户觉察到你以某种特别的方式帮了他，那么通常你就赢得了他的忠诚。

要让消费者们参与决策过程。让消费者们围绕你的产品建立整个生活，不论是虚拟的还是现实的。还有什么比这方法能更好地建立起客户忠诚度吗？不幸的是，很多公司没能实现这点，与其他竞争者的产品最大程度地区别开来。事实上，他们走向截然相反的方向，将他们的产品变成了大众化的商品。他们最终被困在屡见不鲜的价格战中，直到灭亡。在这样的环境中，创新通常被扼杀在摇篮里。这是因为如果不是成本太高导致利润变得极其微薄，就是因为风险太大，一旦押错了就肯定使公司永远不能翻身。

消费者是利润，而其他的都是管理费用。

行销

原则 65

梦想、实行并投身于市场行销和销售中去。

微软的比尔·盖茨、沃尔玛的山姆·沃尔顿、通用汽车的罗杰·史密斯（Roger Smith）、可口可乐的罗伯托·戈伊祖塔、佩罗系统公司（Perot Systems）的罗斯·佩罗，他们有什么共同点？这些人是过去十年中最著名的执行总裁。根据《广告时代》（Advertising Age）杂志，他们分别是从 1985 年到 1994 年"年度市场人"称号的获得者。惠普的共同创始人大卫·帕克（David Packard）也曾说："市场行销对市场部门来说真是太重要了。"提到比尔·盖茨和他在过去十年成为最成功公司之一的微软，IBM 的卢·葛斯纳说："我们在软件上最大的竞争对手不是一间技术卓越的公司，而是我所见到过的最好的市场行销公司之一。要知道，我可是在市场行销这行待了二十年的时间。"

钓鱼可能是一种贴切的比喻，生动形象地刻画了市场行销和销售。市场行销就象通过抛洒鱼食和诱饵来吸引鱼儿。当鱼儿前来吃鱼食和诱饵时，销售就是撒开大网把鱼儿一网打尽。

麦当劳是如何在汉堡包上取得成功的？这同样的问题也适用于星巴客之于咖啡豆，以及耐克和锐步之于运动鞋。这些只是平凡，甚至是所谓大众化的产品。其原因在于麦当劳和星巴客的产品的市场定位都远高于仅仅供应新鲜货品的概念和感官刺激之上。事实上，他们已经影响了我们的生活方式。耐克和锐步在市场上出售他们的产品，满足人们对运动明星的崇拜心理和渴望得到富有、出名或对等的认可。基于同样原因，露华浓（Revlon）卖的是希望，而非化妆品。例如，耐克利用迈克尔·乔丹和老虎·伍兹（Tiger Woods）来吸引喜欢吵吵嚷嚷的顾客。

惠普的共同创始人大卫·帕克（David Packard）也曾说："市场行销对市场部门来说真是太重要了。你的公司就靠它了。"艾尔·赖兹（Al Ries）说过，一名优秀的首席执行官也应该是一名首席营销官。

许多成功的企业家都是从市场行销和推销员开始踏上他们的创业之路的。微软的创始人比尔·盖茨先生，戴尔电脑的创始人迈克尔·戴尔等等都是此中翘楚。

当你与客户交谈或互动时，都在进行着某种形式的市场行销和销售活动。事实上，成功企业家们都有一个共同点，即进行市场行销和销售的能力。同样的，每一次成功的求爱和婚姻都有一个共同点：能够成功地推销自己来吸引你的另一半。

原则 66

一位著名的医生就像一支优秀的品牌，能博得额外奖赏。

长期来说，生病的机构需要创建一支强势的品牌。它会有助于巩固公司未来的繁荣发展。美国营销学会（American Marketing Association）对品牌的定义是为了确定一个卖方或卖方集团的产品或服务，并与其竞争者的产品或服务区分开来，而制定的一个名字、术语、标记、符号或以上的综合设计。

消费者只能在他们的脑海中记住有限的几个品牌名字。品牌有助于消费者记住其产品。因此，当你想到奔驰，就会出现豪华、成功、威信、高速、工艺精湛、客户服务超群以及在新加坡有良好的转手价值。当你的脑海中出现沃尔沃（Volvo），就会联想到安全——这多亏了"象坦克般坚固"的车体。当你想到耐克，你的脑海中就会浮现迈克尔·乔丹或"只管去做"（Just do it）这句口号。当你想起汉堡包，就可能联想到麦当劳，从软饮料想到可口可乐，从炸鸡块想到肯德基（KFC），等等。消费者们的忠诚度是和品牌联系在一起，而不是公司的名字。

品牌只是一种想法，而它唯一存在的地方就是在头脑中。标志、口号、设计等等只不过是一支品牌的表现形式罢了。具有强大品牌的公司可以在价格上博得额外奖励并拥有价值优势。要建立一支品牌，你需要先确定一个和目标大众相关的想法，然后通过发展计划把品牌之中的信息以最好的方式传达给目标大众。

在竞争非常激烈的市场上，如纳贝斯克公司（Nabisco Inc）、桂格麦片（Quaker Oats）、给他力（Gatorade）等消费者包装产品公司正失去他们的光彩。消费者们不再愿意为名牌货付出额外费用。即使大牌公司也应该专注于与供应商和零售商建立更良好的关系，以便改善供应链并最大限度取得盈利。你不能只想着出售产品，也必须考虑出售解决问题的方案。这可能包括为上班妈妈准备一顿饭，内容有现成的早餐，特别的场合与情调。

品牌是唯一一种你的竞争对手在没有你的帮助下无法摧毁的资产。

然而，许多公司并不是因为产品、质量、功能甚或价格而失去他们的客户的。事实上，他们的产品不但质量过关、是最新式的，而且处在合理的价位上。但消费者们却发现很难和这些公司做生意。因为他们送货总是出错，付帐系统复杂难懂而且客户服务非常恶劣。

你必须履行所承诺过的事情，并在品牌中如是表达出来。这意味着消费者在和你做生意时可享受广泛的便利，意味着你要在客户方便时接受他们的订单并易于他们随时查询现状，意味着订单以消费者的术语措辞而帐单也简单易懂，还意味着只要客户需要援助，他们就可以随时访问你而不必经历争辩和通过不同级别的批准，更意味着对消费者们没有隐藏的成本开销。

因此，告诉人们你的品牌有多好是不够的。你必须靠品牌过活并履行承诺。

原则 67

无效率的公开商业活动就好像服用伟哥一样，短期兴奋，长期仍属阳痿。

一些公司每年花费百万计的金钱用于广告和公共宣传，却根本不知道这些投资的回报有多少。在财政资源有限的情况下，一间公司要了解花在广告上的费用是否能使公司走得更远是非常重要的。

许多公司送出成千上万不动脑筋的公开宣传信件。其实，他们所花的那么多时间、精力和金钱根本不值得。有些用掉数以千计的金钱在报纸和电视上进行公共宣传活动。这反而给消费者们造成了混淆。其他一些公司推出电话推销计划，但却因为令人厌恶的电话激怒了广大消费者。

你的广告应该醒目，令人印象深刻。它最好设计成让观众读者能清楚地掌握广告背后的主题和中心思想，并应号召行动起来。

一个效率低下的广告活动就像服用伟哥一样，让你在短期内兴奋得热血沸腾，但并不能在长期治愈你阳痿的毛病。公司应按照生意的性质考虑部署一种结合公共关系、直销和广告计划的方式来把他们的关键信息传达给目标大众，而不是靠广告媒介单一途径。

对一个人而言，健康而均衡的饮食、定期运动和一个快乐的家庭生活是让他保持最佳健康状态不可或缺的条件。就像一个人应采取全方位的方法来保持健康一样，一间公司也应部署一个集多种渠道于一体的沟通策略作为其营销手段之一。

所有公共宣传活动都应该有一个明确的目的和特定市场群体为对象。所使用的战术战略也应为达成目标而以某种方式结合起来。毕竟，对公司和产品增加认识肯定是一种好现象。但如果最终无法对销售收入和成本造成影响的话，那么这些活动也就得不到验证且难以为继了。

从公共宣传活动中取得最大冲击力的另一个方法就是先使他人获益。例如，有关信息资料应在生活方式、身体、思想和精神等方面帮助观众。把公共宣传活动的目标定位在教育、满足需求和改善生活质量等方面。应以无私取代自私，提供好处胜于展示，宁愿贡献而不是索取。

在危机中，沟通和公共宣传活动起着至关重要的作用。它既可以建立起公司名声，也可以使其毁于一旦。不管在景气还是不景气时期，公司都需要有效地与其目标大众进行沟通。只不过在危机期间，这种沟通的强度要更高一些，而且需要对有关公众着重强调机构所采取的决策和任何相应调整的行动。机构也要使得所有关键生意合伙人和职员都注意到公众对机构的反应。在某些情况下，象众所周知的泰诺林（Tylenol）恶意投毒案，有效的公共宣传实际上可以增强机构的名声。

因此，你也许有更好的捕鼠器，但如果你没能有效地升级它，又怎么能让你的客户找到方法敲开你的大门呢？

定位

原则 68

以企业变得更大取代更好是自杀行为。

致力于成为更好的企业，你猜会怎样？你自然会成长壮大。但如果只迫使个头变大，就会使你发胖而不是健壮，不够专业化以及更容易屈服于反复无常的内部和外部的压力。首先你通常会失去生存能力。鸡有翅膀并不意味着能飞翔。同样的，公司规模庞大也不一定就比较好。许多亚洲联合企业在 1997 年金融危机中学到这样一个教训：即使成为大公司也没有安全网。事实上，它们越大就摔得越狠。这些公司名单包括了许多亚洲巨无霸和联合公司，如韩国银行、韩宝钢铁（Hanbo Steel）、三美特殊钢株式会社（Sammi Steel）、韩国最大的烈酒生产商真露公司（Jinro Ltd）、起亚汽车集团（Kia Group），印尼国营银行中包括了印尼国民商业银行（Bank Dagang Negara）、大地宏图银行（Bank Bumi Daya）、印尼国家银行（Bank Negara）、印尼人民银行（Bank Rakyat）、印尼输出入银行（Bank Exim）和其它银行，以及泰国和马来西亚的主要企业，等等。所有这些所谓的主要大型公司和银行在亚洲金融危机中受到重创。另一方面，台湾的较小型企业却因其敏捷性而很大程度上没有受到伤害。

比起大型公司，小公司能够更快捷地作出改变。只是因为小型公司不用说服太多人。其沟通渠道也相对更短。因此，小规模企业对改变更加敏感。不过，要变得更好却不必完全依赖规模小。因为这种公司往往面对着财政和资源的局限。

许多新加坡建筑公司虽然在扩大它们的销售收入，但却是通过签下亏本销售合约和项目来实现的。政府招标通常会判给那些最低价的竞标者。结果很容易通过压低投标价来增加销售合同。应该归结于建筑行业合同充满了各种各样意外成本的高风险本性，项目误期和成本超出预算的情况时有发生。此外，许多承包商因为误期完工以及延期付款的原因卷入违约赔偿的纠纷中。有些最后甚至不得不进行昂贵而漫长的法律诉讼，进一步加重了本来现金就捉襟见肘的建筑公司的财政负担。不关心收益性而只是一味追求规模庞大已经敲响了许多承包商的丧钟。

调查研究公司贝恩管理顾问公司（Bain & Company）有报告指出美国五间最大的制药公司在过去十年时间里增长了五倍，达到 168 亿美元。然而，相比之下，他们的运营利润却显得苍白无力，只有微小的 1% 增长。利润上的挫折主要是由于研发工作带来的回报极为有限所致。除了研发工作的开支增长了四倍外，在同时期受食品和药物管理署（FDA）批准的新药却没有任何进展。随着从新药推介获利的希望逐渐减少，制药工业求助于合并以支撑他们的收入。

然而，这种扩大规模的策略导致变得更大型的药物公司陷入进退两难的局面，不得不为了取得 10% 的中等年度销售增长水平而必须每年推出三种或更多新药。这些制药公司通过继续一种数字游戏的策略来调整他们的问题，即开发越多新药，就越有碰到成功的可能。结果所有大型药物公司所进行的药品开发几乎没什么不同。这种策略不但成本高昂，而且当受到过度宣扬的神奇药物在试验失败时就会给公司名誉蒙上一层阴影。

当被问及维京的体系结构设计时，理查德·布兰森回答说："我的哲学是，如果一幢房子里有 50 个人，我就会过去求见常务董事代表，他的销售主任代表，他的市场经理代表，他的新闻主任代表。"布兰森接着说："你们现在是一间新公司的常务董事，销售主任，市场经理及新闻主任。我会让他们去一个新房子里。然后，再当那间新公司成长到一定规模，比如 50 人时，我就再重复做同样的事情。而且，如果有人给你一张名片说他是常务董事，而有另一个人给你一张名片说他是常务董事的代表的代表的代表。那么恐怕我会认真得多的态度去接待第一个人。"

变得更大并没什么错。但必须确保变得更好。

原则 69

优美的仪态增强一个人的身高，良好的体系机构提高公司的基础设施。

一个懒惰缓慢步调的人看上去比那些走起路来散发出自信的人缺少威风的感觉。同样的，组织公司的方法可以决定其在未来成长的位置。

世界已经产生戏剧化的改变。在这些日子里，具有国际竞争性成为游戏的主题。随着国际贸易壁垒逐步消失和新全球经济的发展，许多公司都经历过连续转型，从国际型（强调以进出口为导向），到跨国型（在海外有主要业务，专注于特定、相对受保护的市场），再到全球型（把整个世界看作是一个大市场）。新的全球经济时代已经来临。

现在有三种体系机构：

多元本地型

海外子公司全权自治，和总部几乎互不相干。这种结构适用于那些需要高度用户化、灵活性和对市场的反应速度的机构。需要这种结构的例子通常包括了零售、审计和顾问等行业的公司。不利因素是会产生重复浪费和低成本效率。然而，在要求基础知识的行业中，速度和灵活性可以平衡因经济规模小而重复带来的不利因素。

全球型

海外子公司只有非常有限的自治权。由总部作出所有主要决策。体系机构按职责分类。子公司中的每一职责部门向总部相应部门报告。例如，销售和营销属于财政职责部门，子公司财政部门负责人直接向总部财政部门负责人报告。有些公司当中，职责以生产线以及主要客户帐目集合而成并且把情况报告给生产线和跨国帐目的负责人。这种结构在要求全球高效的情况下是很合适的。需要这种结构的例子包括电子芯片、消费者电子产品等行业。这种结构的缺点是伴随着高度中央集权控制而导致对当地市场极为不敏感。

跨国型

在有些情况下，当地和全球两者所处的地位都很重要时，跨国型结构可能就比较合适了。这种体系机构基于双向报告和舆论的实现作为重要动力的一种母体。

根据行业的本性，你应该采取一种体系机构能使你达到事业目标，并提供未来成长的灵活性和空间。以上三种结构中的共同思路属于"企业单层管理组织"的概念。

"企业单层管理组织"这个术语现在被滥用而且误解了。它是一个矛盾的术语。任何一间为某种目的而生存的机构都需要一个负责任的决策脊梁。这适用于私人公司、公共机构、自愿团体以及合作组织。

一个良好的体系机构就是具有合理数目的领导阶层必然可以对其他人的工作起到增值作用。包括设计并完成任务和策略。它为个人达成胜利、继续学习、成长及享受工作和从业绩表现中及时得到奖励提供空间和挑战。

原理其实很明白。经理们的问题是在实际情况中如何去设计。在这个责任脊梁中到底应该要有多少根椎骨？其关键职责是什么？怎样确定它们？从这个脊梁中去掉一个职责会造成什么样的冲击？这对负责人的发展和激励会有什么冲击？令人惊讶的是，在二十一世纪刚开始的现在，这仍然在大多数机构内处于一个臆测和挂在嘴边的时尚范围。

原则 70

要勇于怀疑成长的健康性。

思科系统公司的执行总裁约翰·钱伯斯（John Chambers）说他有一种"健康的多疑症"，在怀疑思科可能成长得离它的客户、合作伙伴及雇员太远了。英特尔的安迪·葛洛夫（Andy Grove）第一个在书中写到偏执，"只有偏执狂才能生存。"事实上，公司不应只为生存而疑神疑鬼，也应为健康而常常怀疑。

约翰·钱伯斯从 1995 年就使思科成长，并发展成为一个刺激消费者网络需求迅速发展的超级成长引擎。它的销售收入从 1995 年的 22 亿增加到 2000 年的 189 亿，而盈利也从 1998 年的 840 万增加到 2000 年的 43 亿。如果没有思科的路由器，就不会有万维网。截至 2000 年，超过 75％互联网上的通信量通过思科的产品。前景显得很光明。用户预计可从 2 亿 7 千 5 百万增加到 2005 年的 10 亿。

然而在 2000 年岁末，美国经济开始放缓。而 2001 年初，高速增长的思科系统陷入困境。它被迫注销了数以十亿计的存货并解雇了 7 千 9 百名员工。思科系统的股价狂跌，而公司也从快速增长的基础上滑落下来。

尽管钱伯斯也对思科命运急转直下感到吃惊，但他本来就一直在留心思科的泡沫可能破裂。所以，比起在同样情况下其他总裁的反应，钱伯斯用迅雷不及掩耳的速度通过强调盈利和现金流通表现重组了思科。他把重点放在了集中注意力、有效的行动、生产率以及只承担在计算范围内的风险。公司接着明显出现好转的迹象。

另一个例子是唐纳·杜林普的企业帝国。他收购的对象从房地产、酒店、赌场到航空公司，并以此得到迅速发展。但是当房地产市场在八十年代末期的新年伊始出现崩溃时，杜林普站在破产的边缘。象传说中的凤凰一样，他从灰烬中获得重生并在九十年代成为"打不倒的小子"。约翰·钱伯斯和唐纳·杜林普两人都得到了一个痛苦的教训，即公司必须在增长和扩展之前先强调健康。

八十年代和九十年代是公司以合并与收购进行成长的二十年。然而成功者却是凤毛麟角。而且，即使公司经历过合并与收购获得了成长，也需要作出大规模调整并为负担过重的债务境遇付出昂贵的代价。结果造成许多公司不是在消化收购行动就是尽力避免成为进一步收购的牺牲品。在新千禧年里，更为有机化的成长要胜于单纯收购所表现出来的增长。公司将偏重于计划通过内部发展和扩充来实现真正意义上的成长。布兰森已经把这个挑战升级为通过有机成长而非收购来建立他的业务。成长及启动新公司让他能充分施展手下人才的特长。而他也乐意为他的雇员提供大显身手的机会。虽然有把他自己的形象表演得过火的危险，但这一策略确实符合他关于公司大家庭中，亲生胜于领养的概念。

在公司没有成长时，也应该怀疑。市场、职员、债权人和股东们都需要公司成长。银行利率、通货膨胀、加薪、投资回报这些增长形式也都会预期发生。因此，公司必须相应成长起来。问题是如果你不成长而你的竞争对手的成长就会成为你的代价。公司需要有实质性的成长，否则就会走向灭亡。同样的，一个人如果完全停止工作，其实是将一条腿迈进了坟墓。他需要保持精神上不断成长以避免衰老。

即使是在所谓的成熟和竞争激烈的行业里，公司也在成长中。例如，戴尔电脑就不管个人电脑市场有多么艰难多么饱和，依然保持增长势头。许多老牌公司，如可口可乐、宝洁、吉列特（Gillette）等都在容纳了上百种同类品牌的市场中继续成长。不管处于什么年龄，成长都是可能的。汤玛斯·艾尔弗·爱迪生的老师曾认为他的智力发育缓慢。但他却总共拥有 1033 个发明专利！他终其一生在工作，随年龄的增长不断发展自己。他的第一个专利是在他二十一岁时取得的，而最后一个则是在他八十一岁时取得的。经验教训告诉我们，不论是公司还是个人，都决不停止成长。

可是，收入增长在本质上是无用的。因为世界上许多网络公司和新加坡建筑公司的灭亡证明了这点。如果成长不是伴随着对成本、生产率和资源使用效率的注意，那么这种成长就不但不能维持下去，而且还会产生更多问题。

然而，公司需要具有健康均衡的成长观点。如果成长是由人为地讨好股票市场和股东而获得的话，那么它就不可能持久。这种情况的确发生在某些公司当中。这些公司进行疯狂收购而导致消化不良。所以，应该把目标放在奠定扎实基础上的健康成长。

能量

原则 71

释放公司能量。

物理学家告诉我们，能量既不能产生也不能毁灭，而所有物质都蕴藏着巨大的能量。任何机构内也都存在大量能源。然而，机构内的能量处于休眠状态，等待着合适的刺激因素来控制并释放出来。

机构也具有潜能去开发当职员承担风险和迎接挑战时而释放出来的一种特别能量。人们体验这种能量时会感到兴奋、鼓舞、充满活力并有紧迫感。它激励并提高一个人的整体表现而产生去超越、去赢、去拥有的愿望。

公司能量的释放关系到机构内的每一个人。每一名雇员，不分职位和部门，都扮演着自己的角色。它发源于每个人内心最深处的让他们用心、用脑及用双手充满热情地工作的某种东西。公司能量驱使雇员承诺作出优秀的贡献。如果有必要，他们一定会能够让事情得到更好的发展。如果集中运用机构内所有人的力量，就没有什么是不能实现的。

公司能量不但在景气时期使机构获得激动人心的成长动力，而且在景气不佳时赋予机构忍耐和生存的内在力量。当少数在顶层的人在透明公开的情况下展示连贯一致的领导时，它就积累并释放出来。在当今多数大型公司里，有至少一半的可用能量还处于未开发状态。有效率的领袖象催化剂一样提供适当的刺激。但在高性能机构内，催化剂的角色并不局限于最高管理层。当领袖们确保催化物质能散布在整个机构里的每个角落时，就会产生魔术般的实际效果。但是如果没有来自顶层的初始推动力，就会阻碍机构内能量的释放。连锁反应可能从一个单独的部门、支部或工作小组开始。

机构最需要的能在当今快步调的市场上获得胜利的因素就是人，包括拥有使别人得到动力的技巧的人才；知道如何鼓舞工人找到并把握机会确保机构能超越竞争的领导者；能帮助别人看到解决问题的可能方法，而不只是问题本身的领导者；能激励别人站在高于现状的高度，预想更大的可能性并持续推动机构朝理想未来发展的人才。

资深经理时常在不知不觉中散播而不是追求，混淆而不是鼓舞。成功机构的表现似乎是和所有人积极联手快乐地工作。许多经理真诚地相信当雇员们工作得开心，就意味着他们游手好闲，不认真工作。不幸的是，他们相信他们的角色就是更严格地对待每一个人。

一个有趣的测量公司积极性的方法是看停车位。在一间充满能量的机构里，即使是周末，每个停车位都停满了车。雇员们动力充沛，即使在周末也继续回来加班到很晚，而且在下一周又开始很早就来上班了。

最终，我们不需要阿尔伯特·爱因斯坦的量子物理知识来理解怎样在企业世界中释放原子能。我们当中的每一个人都能尽自己微弱的一份力作为催化剂去点燃公司的能源。

原则 72

生病公司体内的能量"气"通常是闭塞不通的。

在传统中医学中,生病通常会伴随着人体内能量"气"遭到阻塞。如果一个人生病了,通过疏通被阻塞的气会使人体最佳机能恢复正常运作,然后绝大多数疾病就应该消失了。如果一个人没有生病,气的自由流动就能进一步加强目前良好的健康状况和感觉。值得一提的是,内部能量的概念在亚洲大多数国家中是非常流行的。日本人称之为"灵气"(reiki)。甚至连韩国人和印度人也有对内部能量的信仰。

在公司语言中,"气"就是激情、动力、雄心壮志和人类精神。是同样的气使你起来观看足球世界杯和奥林匹克运动会。也是同样的气促使沃尔特·迪斯尼甘愿冒着名誉上的风险在没有任何市场生存力数据的情况下创建迪斯尼乐园和艾波卡特中心(Epcot Centre)。是同样的激情和动力让比尔·盖茨为追求建立微软王国的梦想而放弃在哈佛大学的学业。你不会因为外界环境的需求而创建迪斯尼乐园或制造个人电脑。这些事情的发生起因于内部对发展的强烈愿望,一种要走得更远、做得更好以及在没有外界可作借口的情况下创造新的可能性的驱动力。

美国通用电器前主席杰克·威尔齐在他职业生涯的后期终于认识到能量的威力。在八十年代早期他刚刚接掌大权时,重点曾放在竭尽全力占领市场占有率上。他的指示是要通用电器所有下属公司成为业界数一数二的机构。随后,通过"6标准差"、"群策群力"等生产率提高计划获取最大市场价值。但在后来的岁月里,威尔齐表示他愿意聘用拥有两种能量的人,即积极的和能够激励别人的人。

菲利普·莫里斯(Philip Morris)是包括万宝路(Marlboro)、维吉娜·斯琳(Virgina Slims)、本森和海吉斯(Benson & Hedges)、莫里特(Merit)及百乐门(Parliament)等著名香烟品牌的最主要制造商和市场营销商。菲利普·莫里斯的执行经理们受到产品及其消费者们的热情所感染,把自己看成是独来独往的"牛仔",就象万宝路宣传广告里描写的那样。菲利普·莫里斯拥有美国45%的市场并在全世界拥有12%的市场。万宝路是世界上最畅销的香烟品牌。另一方面,受困扰的雷诺公司(R J Reynolds)没有顾及职员们对产品的热情,为追求多元化远离了核心的烟草业务。现今的雷诺烟草公司已失去了市场份额,在九月宣布退出艰难的折价品牌竞争并计划进行大规模裁员。

为在未来更有效地竞争,公司需要激发职员们释放他们的最大能量,而且要善于开发利用消费者们的能源。疏通内部能量就好像释放职员们的创造性精神和能量。在当代公司中,想法和创造性精神是能够一鸣惊人的原料。

你也能释放你客户的内部能量。一旦所有的客户都受到你的鼓舞,他们就可以成为你产品和服务的传播渠道,通过口耳相传的形式一传十、十传百地向别人推荐。当你把他们赢取过来之后,他们就变成忠心的长期客户,而且是说服其他人改用你的产品的传教士,而不是说你产品坏话的恐怖分子。口耳相传的销售方式是最有效的销售渠道之一。因为客户能大量宣传你产品的优点，比你自己花力气去进行促销和广告的效果要好得多。最棒的是这些好处都是免费的！这就是释放客户内部能量的威力。

在今天，通过科技进行单对单销售使释放你的客户内部能量成为可能。通过使用互联网和其它在线服务，商家可以完全了解每个人的花销模式、消费者生活方式、爱好和其它统计资料。他们可以更加贴近每一个消费者，把握更多机会激发他们的能量。

要保持健康。别让你公司内部的能量被阻塞住。

激励

原则 73

以宗教为榜样再次振作起来。

信仰是经常被忽略的一种治疗方式，尽管它在康复过程中扮演着重要的角色。许多宗教相信一个人的身体和灵魂是不可分离的整体，直到死亡。非传统医学也承认这点的重要性。虽然被传统科学和医学所拒绝，但人们仍然承认一个人的精神思想可以决定自身的健康与否，甚至生死存亡。人们发现当一名病患不再相信他的信念和宗教信仰所表达的内容时，就会停止恢复健康，甚至经常转而恶化。信仰与宗教常常具有同样的内涵。宗教是包含在传统信仰和实践中的一种外向的表现和反应形式。

世界上有七大宗教或主导思想，即基督教、犹太教、印度教、佛教、伊斯兰教、道教和儒教。全世界共计有超过 75% 的人口在遵循这些宗教众多表现形式和规则当中的某一种。他们都在坚持各自的形式。这些形式和平均已经超过 1 千 5 百年的最初的表现形式在本质上相去不远，尽管有时在它们社会角色的扮演中发生了戏剧化的演变。比起《财富》100大企业平均存在的区区 42 年来说，宗教的存在期限不知要长出多少倍。就算和主权国家平均大约 200 年的寿命相比，它也要悠久得多。

这些宗教能够经历如此久远的年代依然保持兴旺的原因在于，作为一种制度，它们满足了一整套全体上和心理上的需要。在过去至少一千年时间的不断演变中，所有这些大型宗教对基础需求作出反应并调整适应不断变化的环境直到终于找到可以奏效的模式。因此，它们有充分的时间根据以往的经验发现它们的信徒需要的是什么。与此形成鲜明对比的是，大多数公司只有不到 50 年的历史可以借鉴。企业可以向这些大型宗教虚心讨教。

宗教在一个精神权威的环境和基本架构中，提供了让个人可以得到救赎的机会。每一种人面对它都会在纯洁的目标下受到洗礼，去传播以宗教的方式处理事务。它们强调看轻自身利益而朝公共利益的发展努力。本质上，它们的观点是乐观的。在它们看来，世界万物的竞争都是积极健康的。在每一次都确定了为未来而战是值得的。对摒弃现状而保持彻底改造的进程走在行业的前头这样的客观和主观目标有非常热烈的询问和辩论。数以百万计的人们为了把全部时间服务于他们所信仰的宗教不惜牺牲自己优渥的生活而只领取微薄的报酬维生。几个世纪以来，有些人甚至为他们所信仰的宗教抛头颅洒热血，成为殉教者。这就是宗教榜样的威力。

如果一个人的灵魂中出现了一个象宗教信仰那样有激情有全部承诺的想法，那么我们共同的能力范围就会令我们大吃一惊。回顾过去 15 年的变化，规模缩小化和公司重组留下许多感到厌倦和士气受挫的雇员。在前进的道路上，正确的做法是通过象大型宗教那样的热情再次鼓舞他们。

原则 74

散播积极的感染力——激情。

决不要低估激情的威力。如果你在生活中缺乏激情或感到无聊，你周围的人也会懈怠下来。真正的激情是极具传染力的。一旦你拥有它，其他人也会很快地拥有它。没有激情就不可能实现什么伟大的理想。在有些情况下，激情甚至比智慧和勤奋更重要。这是因为项目会面对障碍，公司会面对各种各样的挑战，而失望则会在许多地方出现。如果你勤奋、巧妙地工作而且充满激情，那么就没什么能够阻止你成功。

杰弗里·A·克雷姆（Jeffrey A Krames）说作为他研究对象的执行总裁，包括微软的比尔·盖茨，西南航空的赫伯·凯勒赫以及英特尔的安迪·葛洛夫都对他们所做的事情表现出热情洋溢的激情，同时也引起其他人相同的反应。他说，他们每个人心中都有象一团火一样的活力，帮助点燃其他人的热情。他们对某一种想法、产品或方法有很强烈的感觉时，就能够有效地运用他们办公室里天字第一号讲坛去散播他们的"福音"。

激情的特性和个人吸引力无关，而和对事业与想法的投入跟承诺则有极其密切的关系。一代新型领导人正在形成，他们能够点燃其他人的热情。微软的比尔·盖茨就是个很好的例子。他热心地带动市场。而作为回报，市场也尊敬他并相信他如此激情的原因。他能够表达自己对未来的看法。

IBM 的路易斯·葛斯纳正是这么做的。他能够使他的公司充满激情。在他的著作《一个声音》中，葛斯纳讲述了当他在 1993 年以执行总裁主事的时候是如何看待局势的。他强调 IBM 的长处；他怎样看待未来；以及他是怎么想到应该由雇员来处理的。IBM 里的每一个雇员都收到一本他写的书。

另外一位非常具有激情的领导人就是理查德·布兰森。他的名字已经成为一块响亮的招牌。他将维京的品牌和品牌价值人格化。公司在市场上经营很多不同的产品，从空中旅行与银行服务到有汽饮料与化妆品。布兰森，就象盖茨和葛斯纳一样，从公司顶层传播积极的感染力。

良好的企业健康状况不仅仅意味着没有危机和不良症状，它还需要充满激情。根据由"贸易及工业管理最佳实践董事会部门"（Department of Trade and Industry Management Best Practice Directorate）进行的以英国为基础采访了 121 间顶尖公司的一项研究表明，健康公司需要具有幻想和激情的领导人能释放公司里人们的潜能。他们必须能够提供优于客户预期的产品并不断推出别具一格的产品和服务。这就意味着要让客户对你的公司保持高度的热情。

如果你漠不关心，就永远不能使其他人热血沸腾。心怀激情并将满腔热情付诸行动。

焕然一新

原则 75

休息并恢复活力。

改善精神和身体健康最有效的办法之一就是休息。人们在轻松和舒适的工作环境下就可以产生最好的工作成果。在公司语言中,休息的第一个概念是稳定。但这就出现了一个明显自相矛盾的地方。为应付瞬息万变的世界,公司也需要改变。然而,为追求成长所引起的变化,公司需要休息和稳定。这其实和人体一样。公司也需要在机构运作中进行某种程度上的放松或思考时间。许多公司专心去关注一个接一个的变化,只不过他们却忘了手头上正做的事情也同样重要。结果导致这些公司所做的是没有任何好处的多样化经营和不断出售旗下的部门。他们最终因为没有保护好大本营而落得无法集中注意力或忽略了他们的核心业务。

在休息的平静时刻促使注意力从沉浸在紧张的环境中转移到一个更为宁静的思想境界里。这不但使人能应付压力的冲击,更能在思想上恢复活力和精力,同时排除积累了一整天或一整星期的负面情绪。身体也需要休息,以便再充电并修复自己。它需要时间放松、思考及作出反应。但同时,身体需要保持积极活跃以便达到最佳身体机能和健康状况。一个人不能无限期地处于懒惰或被动状态。否则,这种休止状态延续下去可能导致神志不清醒并从此以后使得身体机能和健康状况永久性的衰退下去。人们发现退休人士如果不保持积极活跃通常会很快去世。

这就是为什么转机经理必须掌握在变化中保持稳定并从稳定中激励变化的艺术。

许多经理认为职员们如果处理起事务来简单轻松,就会不认真工作。这种观点其实并不正确。多数有创造性的想法和革新都是在人放松的情况下产生的。当一个人思想紧张或头脑里塞满了东西时,他就没有时间进行真正的思考。那样怎么能产生出具有创造性的精髓呢?

变化可对职员产生工作负担和压力。如果变化能被很好地控制并带来更好的作用和增加效率,那么它就是无可非议的。但如果变化来得太频繁而且持续没有间断,那么它所产生的工作负担就会给个人和机构带来压力和损害。持久的压力会导致职员损失率升高及客户服务素质下降。

一名经理曾说出这么一句令人痛恨的话:"应继续裁员直到士气得到提高。"有些公司随心所欲地进行招聘和解聘。这是"暴饮暴食加上吐下泻"的职员录用方法,或称企业贪食症,即一种疾病,表现为患者有强烈而无法控制的食欲,通常在进食以后通过呕吐防止体重的增加。如此频繁地更换管理层和职员不仅在职员们当中滋生怀疑和不忠,而且剥夺了创新精神和企业凝聚力的基石。规模缩小化运动带来的频繁变化已经证明是企业文化的灾难。因为忠诚和信任荡然无存,利己主义也就会取代公司利益。

这就是为什么惠普的前任主席和总裁刘易斯·普拉特（Lewis Platt）曾说："有几次，为使公司在未来的发展中处于更有利的位置，目前的成长很可能要对正确的策略让步。"休息是你不能不提供的。休息的时机就是在你没时间休息的时候。

这就是为什么有句谚语说："上帝赋予我从容去接受我所不能改变的事情，赋予我勇气去改变我所能够改变的事情，并赋予我智慧去分辨两者的不同。"这也是为什么你需要R&R——休息及恢复活力（Rest and Rejuvenate）。

原则 76

欢声笑语是公司最佳的药物。

免疫系统是身体对付病毒的防御机制。欢声笑语长久以来都被认为是最佳的药物。科学研究发现身体内每个细胞都有感受器可以感觉到我们欢笑和快乐时产生的物质。因此，我们抵御病毒的第一道防线就是我们的欢声笑语。

在工作场所正确运用欢笑和快乐可以促进学习并有助于减轻由可能的改变所带来的胁迫感从而改变人们的行为。欢声笑语还被发现是一件最好的工具，能给公司身份添加一张人性的面孔。欢声笑语在几个世纪以来都被认为是最好的药物。当人们开心大笑时，工作不再是繁琐的杂事或要赶紧熬过去的令人讨厌的事情。他们会很高兴地接受额外的工作，因为这给了他们快乐。

人们都喜欢和有趣的人打交道。看看迪斯尼乐园，是给孩子们和许多想回到孩提时代的成年人提供娱乐的场所。它吸引了数以百万计的访客。他们当中有许多还光顾了好几次。另一个例子是麦当劳。它的哲学是去麦当劳是好玩的。麦当劳的小丑是滑稽的肖像，代表着欢声笑语，一个让你过得愉快的地方。

一个轻松愉快的工作环境也比一个常规乏味的要更具生产率。享受工作的人会提出更多更好的想法。快乐是具有传染性的。

在卓越的公司中，雇员们似乎都过得很愉快。如果快乐是一间机构里的后设价值，那么工作和游戏的区别就不存在了。卓越公司敏锐地意识到快乐和创造性之间的联系，鼓励他们的人员挖掘出幽默的潜力。公司领袖承认在人们开心时，不但会更努力地工作，而且还具备更多构成全球竞争力不可或缺的创造力。在不景气时期，公司经不起任何折腾。这时的关键就是如何去掉不必要的花架子而仍然保持满腔热血的激情。

在不能把快乐当成一种价值的机构内，工作仅仅是一件令人讨厌的琐事。职员们只是机械地行动，每天情绪低落地来上班，打发掉时间然后等着在一天结束后可以离开机构去外面玩个痛快。理查德·布兰森是把工作变成一次激动人心的冒险活动最好的例子。布兰森在谈论维京时说："我们用不同的方式做事情。比起稍微保守的方法，那使得生活更开心有趣。我决心要过得快乐。"

所以，为拥有真正快乐的劳动力，除了发花红和给红包外，你必须做得更多，使工作变得有趣起来。科学为我们打开了自然之书，而欢声笑语则打开了人类创造力之门。

道德规范

原则 77

一名经理的希波克拉底誓言是"言行一致"。

每一个专业团体都有其行动守则,在职业道德上规范该职业的行为和方向。刚开业的年轻医生必须宣誓并履行希波克拉底誓言(Hippocratic oath),基本上保证了每一名医生必须治疗任何有此需要的人,不管富有或贫穷。

转机经理也受到行动守则的约束。其中最基本的就是转机经理必须履行他所宣扬的事情,也就是说,他必须"言行一致"。这在困难时期特别重要。人们观察你的行为更甚于你所发出的信息。如果你不去履行所宣扬的事,就会被看成伪君子。

在不景气时期,每个人都被寄以希望能提供帮助并作出牺牲。如果最优秀的人才没有履行象他所宣扬的那样作出个人牺牲,那么他就会失去他的可信度,从而危害到他未来为转机所做出的努力。言行一致是转机经理的行动守则。一旦不履行这行动守则,就会让其他小组成员觉得这是一个诡计。而且,你也欺骗了你自己,因为你没有坚定不移地相信你能履行所宣扬的事情,而对自己撒谎。

在你取消经理们的额外津贴和公司福利时,你也要以身作则。比如说,在你决定所有职员都必需降级乘坐经济舱而你却继续乘坐商务舱飞行时,或者在你的职员遭到解雇以节省成本而你却继续在豪华餐馆花天酒地时,你就会失去你的可信度。一旦你没能做到言出必行,前后表现相互矛盾,你就会失去小组成员们的尊重。

非口头上的业务沟通通常比口头上的更加重要。如果你想提倡直截了当和不拘小节的管理方式,你就不能一直躲在紧闭的办公室大门后面工作。如果你告诉你手下的人员要按时来公司,你就得确保你自己也要按时上班。如果你想要你手下的人员做到以客户为导向,你就要通过与客户会面树立榜样。你的一举一动讲得如此大声以致其他人根本听不到你嘴里在说什么。

在这里要表达的信息就是"我们正经历困难时期。要从我开始做起。"以身作则的领导是对管理顶层的指导格言,特别是在困难时期。如果你想要其他人接受减薪,首先要自愿削减你自己的薪水。如果你想要职员们长时间工作,你就要准备工作更长时间。这就是为什么有一名经理的话如此令人深恶痛绝:"做我所宣扬的事,但别做我所做的。"

人们都非常善于接受暗示并很快就照着去做。他们能够看穿资深管理层是否有诚意。你需要为成功恳求他们的合作。他们在观察你的行为是否和你的话一致。再怎么多的宣扬和传达也比不上履行你所宣扬和传达的事来得有效。再怎么多的威胁也不能在行为上产生哪怕一丁点改变,除非领导人认真的行动能让别人所察觉出来。领导人的行为给机构定下基调。要注意,你必须做到"言行一致"并为其他仿效你的人树立榜样。

原则 78

没有道德规范，公司就会失去灵魂。

"最后，正直是你得到的全部……"这一段声明简洁地浓缩了道德规范在企业事务策划中的重要性，并强调它扮演着当今实际商业基石的角色。

通用电器前任主席杰克·威尔齐是商业道德规范至高无上的主要拥护者之一。每当雇员的行为将通用电器推向法律的反面时，他就赶紧去和调查人员合作，承认错误并立即改正。在企业中这种勇于认错并负责的精神为公司服务得很好。

1985 年的计时卡丑闻是威尔齐在通用电器 25 年生涯中的第一个关于道德规范的重大挑战。通用电器的一间子公司，重返系统公司（GE Re-entry Systems）当时正为美国空军的义勇兵飞弹制造新型鼻锥体。在费城的联邦检举人对此提出 108 项刑事诈骗指控。控告声称通用电器的管理者改变了工人的计时卡，并利用不当手段收取总共高达 80 万美元的费用。威尔齐的反应和控制损害的技巧都是卓越的，从而赢得了政府官员的信任。威尔齐亲自致电奥尔（Orr）部长，为收拾烂摊子并避免重蹈覆辙递交了一份全面的提议。他在通用电器内部创建了一个顶层复查委员会以监督遵守的情况。

在这个计时卡的案子和其它类似的事件中，是坦率和果断使通用电器与法律力量结成同盟，促使通用电器形成以更有活力和更系统性的方法来遵守道德规范。这些经历也强调了公司必须迎接挑战，提高雇员意识以满足道德规范标准更上一层楼的需要。

"审核一个系统内部的诚实性时，你不可能比检查一部机器内部的质量收获更多。你能造成的影响是通过改变公司文化，通过不屈不挠且有说服力的领导能力，对睁一只眼闭一只眼、违反规章制度或装作没看见的行为决不容忍。"威尔齐成为了他所说的这些话的最佳例证。他最喜欢问通用电器雇员的一句话是："你能够每天在照镜子时对自己正在做的事情感到自豪吗？"用威尔齐的话说，"在全球商业中，你不用贿赂也能得到胜利。但你最好拥有科技。这就是为什么我们能在涡轮机生意中胜出，因为我们有最好的燃气涡轮。你必须成为低价供应商。在几乎所有情况下，如果你有质量、价格和科技，你就赢了。"

即使是"打不倒的小子"唐纳·杜林普也对生意人建议道："要诚实，即便你周围的其他人不这么做。"在 1999 年，他几乎想以总统竞选候选人的身份去参加竞选，但最终还是没有去。他在竞选总统的非官方民意调查中显然有不错的普选支持度。你可能会在商场上经营失败和破产，但只要你在道德规范上还能保持完整无缺的良好名声，人们总会记住这点而你也可以借此东山再起。

公司花大量金钱选择其候选人。这通常根据易于衡量的个人能力和成就。然而，选择诚实度和道德水准高的候选人也同样重要。严格遵守道德规范应普及到整个公司的每个角落。重要的是让董事会成员变得更加独立。分析员也要在对公司的报告中提供独立的见解和评估。股东和投资者们要专心做他们的功课，而不是仅仅靠着每股所得和短期盈利。所有这些问题都和诚实有关，它们有必要做得正确和符合道德规范。

原则 79

核心价值是无价之宝。

转机经理必须在非常坚苦的环境中工作。在有些情况下，他（或她）必须基于非常有限的信息作出大胆的决策。所有的决策都会导致因果关系，不管是正面的还是负面的。他的决定是根据他的价值体系，即他的个人信仰、关系和其它方面的影响。因为发生在你生活中各种各样的决定造就了一个特定的你。你就是你。

例如，一名负债累累的经理会害怕失去他的工作。那样的话，他也许不会冒太大风险作出可能危及他工作的决定。因此，他也许就这么小心翼翼地往前走，直到连他在内的整艘船都沉没。

对其他一些人而言，这可能是一个非常民主而要顾及个人性格的事情。那样的话，他可能就不是恰当的人选可以在削减成本或规模缩小化等事务上作出困难的抉择。因此，他也许就不是进行重组行动的合适人选。不管如何，他的性情和价值会让他在为发展公司业务时得到好处。

人的道德倾向是由他们的价值体系所决定的。如果他们很容易被小事所引诱，那么很可能他们就会向大一些的诱惑屈服。例如，有些不诚实的执行经理会夸大他们要报销的支出。他们报销的出租车费用、应酬和小费比实际上的要多。这种不诚实的行为其实很愚蠢。因为报销所涉及的金额很容易就能得到验证。多数主管不会拒绝这种报销，除非数额上有重大出入。但执行经理的这种行为会留下非常坏的印象。这种不诚实的行为甚至会危及他们未来获得擢升的希望。如果他们对小钱都不能让人信任，那么很可能在处理涉及到大量金额和现金的较大型业务时，他们也是不可信赖的。

人们相信新加坡政治领袖通过邀请他的年轻同事的全家人共进晚餐来决定后者的领导能力。在晚餐期间，他会静静地近距离观察这些年轻领导人如何处理与妻子和孩子们的关系。这名政治领袖相信如果这些初露头角的年轻领导人还不能管好自己的家庭，那么他们很可能就不具备处理国家事务的能力。有谣言说这名领袖从来不轻率地接受任何离婚的政治新手。

多数人通常根据他们自己的价值和信仰体系作决定，而不是他们应该作出的决定。公司也有自己的价值体系。这就是为什么许多成功公司把他们的公司价值珍藏起来作为公司文化的一部分。如果公司价值是正确的，就能最大程度地增加股东的回报，并使职员和客户们皆大欢喜。只要价值是与伦理有关的、光荣的和值得接受的，则公司所接受的价值类型就显得不那么重要了。例如，3M 公司的价值强调革新，IBM 侧重消费者，新航重视客户服务，而思科则是科技。正确的价值不但可以使《财富》500 强企业稳坐世界前 500 名的位置，而且会使他们成为最幸运的公司。

原则 80

事实可以解放转机经理。

医生面对和转机经理同样的问题，即是否应该诚实地把病情告诉病患。很多情况下，最好把实情告诉病患，让他（她）可以在精神、心理和生理上作好准备。当然，也有例外。当病患的精神状态不足以分心应付疾病以外的事情时，对病患隐瞒事实可能更好。

现在，规模缩小化、精简机构和外包是企业生命中正常的体制。重要的是在这些考验中，要自始至终和职员们诚实地沟通。特别是处理棘手问题时，"诚实就是最好的政策"。用糖衣、误导或欺骗手段对待职员们的关心是不道德的。他们最终还是会认识到事实真相。对结果处理不当会在管理层造成不信任、感到被出卖和失去信心。

因此，在公司生病的情况下，最好承认这一事实，说出真相及与转机计划相关的事情。如果隐瞒真相，继续象平时一样从事经营，就会落入否认的陷阱。要诚实，别隐瞒真相。人们本质上并不反对坏消息。有些职员可能已经感觉到有些事情出了问题，就好像病人意识到他全身都不对劲。多数职员只想尽快看到转机成果，不确定因素得到清除，然后他们就可以继续他们的生活。因此，在传达真相后，转机经理就要确保他有一个计划可以纠正问题并实施一些强硬手段和不受欢迎的行动。整个概念就是承认现实并迅速与雇员们通力合作，服用正确的药物。职员们通常是第一个意识到生病公司需要大刀阔斧的行动来克服困难。一般并无必要用强硬的转机手段来进行说服工作。许多执行人员实际上正寻找一个救世主使公司复苏。

以此类推，让银行了解公司从财政健康也是极为重要的。一些生病公司试图对银行家们隐瞒财政困境。其实如果债务人能出示具体的援救计划，多数银行家们都有同情心并会尽力帮助他们。但要是银行家们非得通过其它的第二手来源才知道他们借贷者的财政困难，他们就会对债务人失去全部信心。这样的话，银行家们可能就不会特别同情他们的借贷者了，因为他们相信后者正试图对他们隐瞒事实。

圣经上说，事实会释放你。这确实千真万确。当你撒谎时，你不得不记住先前所说过的以保证谎话没有漏洞。一旦你的职员们得知你曾对他们说谎，你马上就失去了他们对你的信任。这是让职员们失去信心最快和最可靠的途径。人们本来已经准备原谅你的过失。他们可以忽略你的弱点或能力不足，有些甚至还支持你的愚蠢。然而，当你对他们撒谎被逮个正着，他们就会失去对你的信任和尊重。信任和支持是转机局势下的首要条件。而你需要一个团队来进行转机和改革。

企业世界为假话而惩罚公司。在新加坡，曾是新加坡证券交易所宠儿的英华美控股堕落了。原因是它在公布截至 2003 年十二月之前的九个月盈利时，把实际的 550 万夸大成 860 万。其股价因此滑落超过一半。商业事务局（CAD）正调查其会计失误。会计和法律问题也同样因会计帐目不合规范而侵害了泰科、恩龙、世通、环球电讯（Global Crossing）以及玛莎·斯图尔特的公司。

因此，诚实总是最佳策略。

阶段 5：巩固

远见

原则 81

你对未来的观点决定了未来的你。

你如何看待未来给你的行动定了形。科技改变着未来，使它不再是原来的样子。参与到未来中去是打开企业成功之门的钥匙。

经常停下脚步看清未来的宏图是有好处的，也因此有休息和放松的需要。你最坏的敌人是依赖过去的成功。你需要彻底改造你的"现金牛"——那些为公司带来盈利的业务。你对未来的观点和感知将决定一个全新的你。

许多事情正在改变而对未来的看法也必须相应改变。我们已经从信息时代进入通讯时代，从使用被动的数据到使用互动的媒体，从电脑化到智能网络，从局部运作到全局运作。

人力调配已经把重点从科技升级转为人员升级，从工作安全转为工作受雇能力，从工作头衔转为工作技能。我们需要成为流动的专业人士而非企业人，从单一技能专家转为具有各种技能的多面手，并依靠工作表现而非资历获得报酬和擢升。

公司文化也从安于现状变成快速改变的，从逐步革新换成根本改变。管理层的本质正经历一场制度上的交替——从管理到领导，从生产过程到策略，从控制型管理到承诺型管理，从处理今天的危机到把握明天的契机。今天，注意力与个人行动相比更集中在团队精神上，献出答谢胜于领取功劳，授权与人胜于控制他人，持续改善而非定期改善。

即使制造业动向也在改变——从出售你制造的产品变成制造你出售的产品，从大量生产变成少量生产，从周期时间长变成周期时间短，从品质制造到灵活制造，从大规模生产到用户化大量生产。

全球竞争的现实迫使公司用不同的眼光看待他们的契机。商机不再被看成是局部或是处于单一国度基础上的条件。公司和个人需要把整个世界看成是经济上的契机。然而，这不是关于新旧经济之分，而是基础原则之一。

是开拓你未来视野的能力去发现无限多的奇迹。

原则 82

为了生存，需要教守旧的人学会接受新事物。

在今天多数企业面临沧海巨变正逐渐成为正常现象而不再是意外。这变化是由全球化、科技和社会不断发展所导致的。徘徊于现状就像遭受癌症侵袭的病人坐等病情自动好转一样。如果你继续做同样的事，情况是不会好转的。俗话说，你不能教老狗学习新把戏。但为在当今竞争激烈的市场上生存下去，就算老狗也要去学会新把戏。

机构无法作出改变是因为受到旧习惯的影响。这是视野不够清晰的表现。因为多数执行总裁不能在三分钟内准确传达他们的想法，使得其他人能明白并乐意接受。视野经常没有得到传达。象官僚主义这样的障碍把视野阻挡住了。

管理层也没有在公司价值观中培养新行为和新视野。他们没有向雇员们展示可以改进工作成绩的新行为和新方法。管理高层没有为复兴发展一个共同的承诺。未来的企业理应减少官僚主义，精简机构等级，注重工作成绩导向及敢于冒更大风险。

股东们对墨守成规的主席和执行总裁们越来越不耐烦。如果这些守旧的人再不改进他们的方法，股东和投资者们就会拂袖而去并很快地说出他们的反对意见。在 2004 年三月，四面楚歌的荷兰皇家壳牌石油公司（Royal Dutch/Shell）的主席菲利普·沃兹爵士（Sir Philip Watts）在审计之后被迫辞职。他本来预期可以在来年春季退休。最大的投资者之一评论道，他们需要的是更独立的执行人员而不是无期徒刑囚犯。沃尔特·迪斯尼的迈克尔·艾斯纳尔（Michael Eisner）被剥夺了主席职位，但仍保留其执行总裁的位置。他自从 1984 年起就是沃尔特·迪斯尼公司的首脑人物。公众相信股东们投票反对迈克尔·艾斯纳尔以记录下对他的领导的指责。

与之形成鲜明对比的是，富国银行（Well Fargo）以淘汰全部废物的方式放弃了它 150 年的历史——把公司喷气机、汽车、饮料卖给了职员们。相反的，另一间 150 年历史的银行，美国商业银行（Bank of America）违反银行规定，没有迅速作出反应。虽然，随后美国商业银行的确学着减少废物，但是相对于富国银行，已经失去了宝贵的时间。

在行销领域，许多公司仍然继续认为市场行销就是卖东西。他们过于专注出售产品给消费者而忽略与之保持关系。他们只对卖给新消费者感兴趣而疏忽了现有的老客户。追求新客户可能更吸引人及令人激动，但研究发现，维持老客户比获得新的更加省钱。

例如，许多公司看到互联网的潜力但却从来没作出改变。当越来越多消费者使用线上购物时，书店仍然继续使用昂贵的宣传册子和媒体作广告。有一天，这些书店就会认识到一个这样的事实：亚马逊线上购物网已经赶上并超过他们。因为亚马逊不必拥有昂贵的仓库收藏大量的书籍，而人们都在线上购物。

互联网作为商业的一个工具被广泛接受，挽救了许多濒临停业的公司。它帮助小公司与大公司竞争。因为公司规模大小在网页上并没有什么差别。这可能是促进公司产品和服务并产生新销售额的最佳和最具成本效率的媒介。美国作家和麻省理工学院媒体实验室主任尼古拉斯·尼葛洛庞帝（Nicholas Negroponte）曾说："网络在经济变化上是里氏 10.5 级的地震。"

抛弃所有旧事物时也要适当。千万不能把"旧的"等同于废弃过时的，也不能把"新的"等同于最佳的。轻率地抛弃任何可行的旧传统和旧习俗也是不明智的。它们也许需要进行一些修改，但它们是累积了若干代人经验的结晶。另外，规模缩小化的这几十年已经消除掉大量具有多年丰富专家经验的职员，而新的职员需要又花上很多年才能学会这些专家经验。因此，老职员的确对公司具有很大的价值。

雇员们在变化和重新适应环境的过程中经历好几个阶段。这些阶段包括否认、受挫、混淆、接受及最终承诺。在一开始经历否认、受挫和混淆阶段时，可能会有一些排斥心理。一旦他们看到变化的价值所在，他们就会接受并为此作出承诺。

然而，要注意的是如果你对旧事物放任不管，听之任之，那么这些旧事物就一直不会得到改进。你不能这么做。你要把旧事物留给连续不断的变化洪流去磨砺。

明日的冠军能看到契机，而他们的竞争对手也能看到。最关键的区别就在于冠军会采取行动作出改变。

原则 83

不要按照你的年龄行动。要兼顾你目前所处的年龄和未来将会达到的年龄而行动。

许多人借口太老或太年轻而无法完成任何事情。他们的希望遭到破灭，野心受到羁绊。因为他们只按照自己身体年龄而行动。但你知道世界上最富有的人在年仅19岁就开始创业吗？比尔·盖茨创建微软的年纪对大多数人来说是太年轻了。另一名年轻的成功企业家是史蒂芬·斯皮尔伯格（Steven Spielberg）。他在27岁时制作导演了著名的电影《大白鲨》（Jaws）。如果你认为你太老了，那么就看看几位所谓的老企业家吧。山姆·沃尔顿在44岁时厌倦了公司生活而创建了沃尔玛公司。雷·克罗克（Ray Crock）在达到退休年纪的52岁创建了麦当劳。这些成功的商人并没有按照他们当前的年龄行动，而是超越了他们的年纪限制。

成功会麻木机构的反应。负责过某些近期崩溃的世界最大企业的执行经理就是曾经被公认为有能力的领袖。他们的失败源自对早期取得辉煌成果的想法和实践过于信任。时过境迁，而他们却没有随之改变。

威尔齐承认，在一开始他没有看到互联网会在商业产生翻天覆地的变化。"它没有以应有的亮度吸引我的注意力。"他还说道："在我退休的前两年，我对互联网而言还是一个化外之人，一个荒诞的人。"然而，一旦他认识到了互联网的威力，就迅速改变了他的想法。"我才刚刚看到它（互联网）的威力，"他说道，"它会改变每一间公司的文化。"在2001年，威尔齐曾说电子商务代表了公司从来没有见识过的巨大商机。他成为一名羽毛丰满的狂热者，并宣布"电子商务的出现是从此永远改变通用电器DNA的万能药。"威尔齐所看到的问题是："互联网所拥有的知识是和它的年龄成反比的。"为确保通用电器的电子商务保持领先地位，威尔齐再一次颠覆了官僚主义等级制度。通用电器的经理们都需要快速学习互联网。他把一千名通用电器最资深的执行经理和年轻、资历浅的人们配对。这样年轻人可以教年长者而两种文化也有机会进行互动。"我们下到机构的最底层，年轻人与机构顶层的年长者交谈。这形成了巨大的冲击。"威尔齐说道，"互联网真的造就了年轻和年老以及快慢之分。"

是的，威尔齐也配了一名年轻的同事，每星期花三个小时共处。最终，他晋升她为通用电器公司网页的首脑。威尔齐对他从通用电器另一名年轻同事那里学到了一些东西感到非常自豪。这是"我从未听到过的最佳主意"，他宣称道。

已经运作了一段时间的机构倾向于变得难以控制他们的年龄。他们经常对自己过去的成功变得心胸狭隘，并倾向于象患上老年病的年长者那样用僵化的思想考虑业务和市场。他们应该要做的是注入新鲜的人才，为自己量身定做一整套管理哲学和策略去适应不断变化的市场动态。同样的，整个企业文化需要重新回顾和检讨以保证能与时俱进。

转型

转机是濒临死亡的经历，而转型则是重振旗鼓的经历。

转机涉及前面阐述的两个阶段，即手术和再生。这是偏重科学而非艺术的部分，因为它遵循削减成本、解雇职员、出售公司资产等无情的规则。这些迅速的解决方法虽然在当时是必要的，但并不能处理长期问题，也不适于整体康复，否则公司可能会在未来再次患病。你不能经历太多濒临死亡的情况，因为有一天你可能没有那么好的运气幸免于难。

另一方面，转型是重振旗鼓的经历，是偏重艺术多于科学的护理阶段。转型寻求能够长期维持公司成长的基础。转型需要花时间培养发展强而健康的企业文化可以应付市场上反复无常的变化。公司应欢迎接受各种转型以恢复健康状况。

有好几个伟大的转机和转型领袖。吉尔伯特·F·阿梅里奥（Gilbert F. Amelio）在 1991年以总裁和首席执行官的身份接掌美国国家半导体公司（National Semiconductor Corp）。当时，公司处在破产的边缘，只有价值三天的运作资本并因数年来的财政亏损显得步履蹒跚。他不但成功地扭转美国国家半导体公司濒临破产的命运，而且将该机构成功转型。到了 1995 年，美国国家半导体公司创造了大约 3 亿 3 千万美元的税前收益并取得其历史以来最高的销售额和净收入。公司以低资本负债率拥有超过 4 亿 5 千万美元的现金。股东们的净资产从 1991 年的 5 亿 4 千万激增至 14 亿美元。

吉尔伯特·F·阿梅里奥提出人与企业所领导的转型计划。在人的领导中，他详细标出具有清晰视野和价值的行动会带来怎样的成果。在企业的领导中，他修正了时间结构和财政目标。为实现卓越的运作，美国国家半导体公司采取"麦肯锡七 S 模型"（McKinsey 7S model），即策略（Strategy）、机构（Structure）、系统（Systems）、人员（Staff）、风格（Style）、技能（Skills）和共同价值观（Shared values）。

他通过提倡五种基本要素，即领导、软技能、促进视野、建立跨公司联系和开发右脑，来引导转型。这些基本要素在一个正式的培训计划中得到传授。美国国家半导体公司中的每一名雇员都经历了某种培训以便在转型过程中得以运用。

杰克·威尔齐是转机和转型领袖的另一个例子。不仅仅是由于通用电器出类拔萃的成绩，而且事实上杰克也在不断地彻底改造他自己。在八十年代早期，当他第一次接过管理的方向盘时，他以"中子杰克"的称号闻名于世。紧接着，他解雇了 15 万通用电器的职员以使公司转亏为盈。当时间迈向九十年代末期时，杰克则换成以"转型大师杰克"的称号家喻户晓。他为人所津津乐道的是注重在位于克伦敦威尔（Crontonville）的通用电器培训中心指导他年轻的同事。威尔齐还为通用电器提出诸如"6 标准差"、"群策群力"等转型计划而蜚声遐迩。

IBM 的卢・葛斯纳和联合讯号（AlliedSignal）以及后来的汉威联合国际公司（Honeywell International）的拉里・鲍西迪（Larry Bossidy）两人都明白，他们公司的产品和人员都不需要大规模的转机和重组行动。他们所需要的只是转型。他们要通过正确的管理，用快捷有效而立竿见影的方法完成转型计划。

比尔・盖茨是另一个例子。一开始，他没有认真地对待互联网所带来的威胁。但通过微软允许想法和批评自由流通的体系，比尔迅速认识到互联网的威胁并立即将微软进行适当的转型。美国康宁公司（Corning Company）的詹姆斯・霍顿（James R. Houghton）也是一个很好的例子。他碰到一名从事人力资源的人士，在他退休前成为霍顿的私人教练。这名退休人士曾经也为他父亲工作过。霍顿想要充分利用这名退休人士的智慧。他愿意让一名更有经验的同事改造自己，然后将康宁公司转型成为一间非常优秀的公司。

转机和转型相当于商业中的强力药物。它们可以创造奇迹，但也具有严重的副作用。谨慎的经理不应草率地着手进行这种治疗。许多因素必须要考虑到，比如管理层是否具有引导这种处理方法的能力，或者可能有更适合的财政缓解方法和替代疗法。

原则 85

要作变化的创造者，别成为变化的创造物。

我们正经历着"创造性毁灭"的历史时期，使我们在结构和经济上都蒙受连续不断的变化。领导者需要始终如一地对机构进行彻底改造、重新设计及改组来迎接这些挑战。美国运通的执行总裁哈维·戈卢布（Harvey Golub）在 1993 年曾说："我相信，要成功，一间机构就要在外界力量迫使它改变之前先作出改变和调整。它必须彻底改造自身，并在其他人统领行业之前成为能够唯一捷足先登的机构。"

桂格麦片公司（Quaker Oats）的执行总裁威尔·史密斯伯格（Will Smithburg）在 1996 年曾说："竞争是生活的一种方式。如果你没有一个真正强劲的竞争对手，就应该制造一个出来。"惠普的执行总裁刘易斯·普拉特在 1994 年曾说："这和人性恰恰相反，但你必须在你的业务还在运转时就扼杀它。"思科的约翰·钱伯斯曾说："我们有一个哲学，就是我们会在其他人如此做之前吃掉我们自己的子孙后代。"

当你和自己竞争并以此作为消遣时，你就不可能输。这就是为什么在硅谷有一句非常受欢迎的话："不是我们使自己过时，就是竞争会使。"

有些公司甚至故意制造"危机"以在机构内产生一种紧迫的感觉。摩托罗拉创造了一个树立意识计划，称之为"迎接挑战"。这个计划使雇员们面对即将来临的危机的早期警兆，并描述公司所面临的竞争挑战。波音公司为其雇员们制作了一卷录像带，内容是叙述这间大型公司的死亡。这有助于雇员们了解改变的必要性。

机构必须作好准备，摆脱沉湎在过去的状态，以便为将来给自己注入新鲜的活力。否则的话，它们会被过去的成功所羁绊和阻碍。其中的诀窍是不要把过去的一切一下子都抛弃掉，而是要让过去和将来暂时与现在共存。根据查尔斯·韩第（Charles Handy）"弄清楚未来在机构内、社会上和你自己生活中的意义的方法是通过主动地掌管未来而不是被动地作出反应。"查尔斯·韩第也曾说过："我写了一本名为《非理性的时代》的书。我之所以选择这样一个书名，是因为萧伯纳（George Bernard Shaw）曾写道理性的人回应世界，而非理性的人则试图要世界回应他。所有进步和灾难也来自非理性的人，那些试图要改变世界的人。这意味着我们不能坐等人们施舍给我们稳定的工作和长期的事业。我们必须决定自己要引导的是什么样的生活，并为实现它而全力以赴。"

我们不能再以悠闲的方式迈向未来。许多市场领袖们在前进时睡着了，而出人意表地被小型竞争对手超越过去。今天，我们根本不能确定要前往的地方是哪里。我们已经站在通向变化无常时代的门口。过去的成功并不会看着我们通过未来。我们需要抛弃并重新评估所有旧的设想。彼得·杜拉克称之为"每一间机构都不得不作好准备放弃每一样东西。"未来不再是由过去推断的产物。

未来的赢家将会是先驱者而非缓慢的大马车。他们是改变的创造者而非改变所创造出来的产物。通往未来的方法是主动地掌管未来而非对其立即作出反应。经营当代公司的挑战在于管理好创造性毁灭的过程。然而，在市场动向的需求下，没多少企业领袖具有这么做的远见和精力。

原则 86

用头管理你自己，用心管理其他人。

是头脑进行分析、制订策略，是心为企业长期成功培育了必不可少的理解和承诺。为延长企业生命期限并确保长期活力，你需要管理好头脑这"硬"要素和心这"软"要素。因此，从你的头顶和你的心底作决定。优秀公司使得人们的心在他们的生意上而生意在他们的心中。问题的核心是和心息息相关的。

为开拓你的视野，你需要你的头脑和心。你的头脑提供给你关于生意方面所有的基本事实和轮廓，你公司和竞争对手的强项和弱点，市场环境，等等。而你的心告诉你的是无形的东西，包括对成功的渴求，能削弱你思想理念和梦想的畏惧，在失败时能使你再次爬起来的精神和激情，等等。为实现你的视野，你需要在精神上进行深刻的自我反省和寻求事实。

如果人们的心不在公司里面，就算有正确策略和良好的硬件也没有用。如果你得不到人们的支持和承诺，执行的过程就会出错。在这个动荡的时代，更需要处理"软"或"硬"的要素，特别是和人有关的要素。你应该严格要求成绩而宽以待人。

美伊战争给我们一个如何赢得人们的心和思的例子。当美军到来时，伊拉克政权迅速垮台，所有萨达姆的军队几乎没有做任何抵抗就望风而逃。在萨达姆·侯赛因的恐吓和淫威下生活了许多年的伊拉克人民取得了胜利。萨达姆本人随后也被其亲信出卖而遭到逮捕并送交给美军。萨达姆政权这么多年来强迫伊拉克平民的策略和计划并没有取得效果。这是因为萨达姆没有赢得他人民的心和思想。

为了那个可以保持企业年轻的忘忧泉，公司通过各种各样不同的管理理论、科技和计划已经寻找了多个世纪。我们投入数以百万计的金钱为使公司优秀而踏破铁鞋，然而却忘记了最基本的要素。制造产品的是人，最终决定企业长寿与否的购买产品的也是人。

就像一个人一样，企业的身体也需要健康强壮的细胞去和公司疾病作斗争。失败的经常是人而不是生意本身。在最后的时刻，你必须牢记，所有工作都是由你的人来完成的。这就是为什么中国古话说："十年树木，百年树人。"虽然这要花漫长的时间，但你一定要赢得他们的心和思想。

储备

建立起你的现金储备就像吃富有钙质的食物一样，在你以后的生命里增强你的骨骼。

生病的公司处于赚取现金的困难时期，或者正消耗掉现金，又或者消耗的速度比他们能赚取的快得多。这是因为他们没有足够的储备应付困难时期的连绵大雨。

1997 年的亚洲金融危机告诫公司储蓄的重要性。象新加坡、台湾这些存有巨额金融储备的国家得以幸免于难。象印尼、泰国、马来西亚和韩国这些低储备的国家则因为大量金钱出逃而在经济上遭到严重破坏。许多这些经历痛苦的国家中都有巨额贷款收不回来的银行。巨额金钱花在了声望很高但却对收入没有贡献的主要建筑项目中去并导致腐败无能。许多这样的建筑物和建筑项目时至今日仍然无人居住甚至没有完工。公司借贷了大量美元而当他们的当地货币贬值时，这些借贷者就不再有能力负担这些日益增值的贷款。虽然这些公司可能还具有雄厚的基础，但技术上来说，他们会在一夜之间陷入破产的境地。这进一步全面摧毁了投资者对区域的信心。

当大量资金外流时，任何国家和区域都要遭受这种重大破坏。许多这些资金纯粹是投机性质的，其背后并没有任何生产力和赞助者。这种资金的外流在八十年代袭击了美国，在 1997 年重创了亚洲，并在九十年代后期还侵犯了拉丁美洲。如果公司在没有储备的情况下自不量力地去借贷，而投机性质的资金外流的情况在区域发生，那么就会使你陷入灭顶之灾。

如果银行信贷突然抽离或收入来源枯竭，许多个人确实会破产。许多公司为保持住业务被深深地套住了，很少能以自己的现金流转来为他们的运作提供资金。在高利率或对冲基金的冲击下以及货币投机商袭击国家时，所有这些借贷者就无法负担他们的债务。

储蓄不足的问题同样也会对个人造成打击，就像它对公司造成不利影响一样。在新加坡，许多个人肩负下沉重的房屋和汽车贷款，而银行储蓄却显得捉襟见肘。当经济在九十年代末和新千禧年初陷入混乱时，许多人失去他们的工作或在生意场上遭受失败。因为银行储蓄太少，这些人只得宣告破产。永远要量入为出地生活。问题是入不敷出的不良生活习惯却在公司当中非常流行。其中有许多公司接下超出他们财力范围的项目与合同。在经济衰退期，许多这样的公司就和经济一起完蛋了。

补充你身体里的钙质含量要花很长一段时间，不可能在一夜间就完成。增加雄厚的储备也同样要花上很长一段时间，还需要大量耐心和坚苦的工作。在目前低利率的情况下，更难以说服公司和个人进行储蓄。然而，这在目前对预防资金被任意消散是很有必要的。

现金储蓄是一项学习的实践行动。它涉及到重新划分项目的优先次序，改变存货和现货安置，与供应商达成协议以及其它处理程序的修改。有句成语说得好："未雨绸缪"。你必须为困难时期的风风雨雨作充足的储备，特别是现在的雨比以往下得更大更频繁。

企业文化

原则 88

生活中只有三件事情是确定的，即死亡、赋税和变化。

没人喜欢死亡和赋税，而许多人也不喜欢变化。一旦他们舒服地躺在"安乐窝"里，就会非常反对变化。

变化在当今世界上是必然的事情。它显示出极大的威胁，但也带给商家无穷契机。作家和精神病学家詹姆斯·戈登博士（Dr James Gordon）在提到有关思想理念的变化时，曾说："并不是有些人拥有意志力而有些人没有。而是有些人已经为变化作好准备，有些人却没有。"歌德曾说："我们必需经常使自身改变、更新和恢复活力。否则我们就会变得麻木僵化。"

在商场上，接受变化的能力将是在未来生存的先决条件。这是因为迅速发展的科技在产品开发的过程中和商业管理的方式上导致翻天覆地的变化。线上预订飞机票已经成为航空公司业务运作的必要条件之一。业界的新进者使得原来的同行心烦意乱。中国和印度经济的崛起引起激烈的低价竞争。美国的跨国公司为了在全球市场上保持竞争力，正在把他们的制造业务和服务分别委派给了中国和印度。当代机构的生活已经不再是我们父辈时的那样了。当今公司的生意模式应该至少每两三年要回顾检讨一次。

世界秩序也因恐怖主义的破坏而陷于混乱。恐怖主义在 9·11 袭击之后已经对全球和平与安定构成一个非常真实的威胁。公司不能认为目前的安全和保险是理所当然。工业界也变得更有效率，因而形成一个更多变的市场。犯错误的余地更小了。任何失误都会导致一个漏洞，让你的竞争对手乘虚而入。

要感谢互联网，我们生活在一个广阔无边而又互相联系的世界中。消费者们变得更加精益求精。他们只要点一下按钮，就可以通过互联网获取他们想要的信息和选择。

威尔齐所作的巨大贡献之一是他处理变化主题的方法。从他进入总裁办公室的第一天起，他就认识到变化不但是不可避免的，而且还是迫切的需要。在七十年代末和八十年代初，大多数商业领袖们对变化还没有什么强烈的愿望。即使是疲软的经济和新全球竞争者的威胁也不足以让多数执行总裁醍醐灌顶。威尔齐不但认识到变化的必要性，而且看到彻底变化的需要，然后开始将公司以及其百年传统完全颠覆。例如，威尔齐知道仅仅靠制造业不能实现他所追求的成长。于是，他着手进行一个具有野心的计划，将服务作为通用电器成长引擎的核心。在 2000 年，服务领域的收入占通用电器总收入的 70％以上。

在通用电器内，雇员们受到鼓励，把变化当成一个契机而非一个威胁。在他任内的最后一年，威尔齐解释道："预测不是它的全部内容。它是具有适应性的，而非精确的。"威尔齐也说变化是通用电器每一名雇员的基因："我们每天都吸入我们的血液。现在是改变比赛的时候了。"威尔齐在克伦敦威尔鼓吹变化并利用操作系统的其它部分驱使变化遍及公司的每一个角落。

变化也带来契机。在困难时期产生的百万富翁比在景气时期产生的要多得多。如果你一直做同样的事，就什么也没有变。这就是为什么研究发现在危机中仍保留同样董事会的公司中有66%遭受失败的命运。

原则 89

认为自己对变化免疫的业务很快会发现自己对所有业务都免疫。

管理者们永远都不应陷入这样一个常见的思想理念的圈套中，即他们的业务是稳定的，而且对变化免疫。他们经常根据对过去趋势的推断预测未来的成长。在竞争意义上的变化可以和这些预测根本无关，但管理者们却经常对此很迟钝，看不到其中的区别。职员们也许陷入沾沾自喜，采取致命的无知和马虎的态度——我们不知道也不在乎。火石天然橡胶公司的经理们知道辐射状轮胎的使用寿命是现有轮胎的两倍，但仍然对过时的产品进行预测。其执行人员也为保护雇员和业主团体的利益而推迟重新规划多余的工厂。结果导致火石因承受不了对收回轮胎一案在全世界范围的法律诉讼而在 2000 年宣告垮台。

王安电脑公司的企业 DNA 是文字处理而无法转换到个人电脑。王安电脑的丧钟是由莲花123（Lotus 123）和紧接着的微软所敲响的。随着纳斯达克在 2000 年的崩溃，许多网络公司和他们无法生存发展的商业模式一起面临死亡。

象思科和西伯尔系统公司（Siebel）等高科技领导者在对信息科技的需求放缓下来时，可能也会踏进同样的陷阱中。随后，思科没办法只好进行规模缩小。在八十年代早期，美国管理科学（Management Science America，MSA）以为只要凭它在大型机的财政应用软件中毫无疑问的领导者的地位，就能进军个人电脑软件，"桃树"（Peachtree）。不幸的是，MSA 在这次冒险的进军行动中受到重创，随后被出售给了美国邓白氏公司（Dun & Bradstreet）。

仅仅注视一个竞争对手会摧毁和限制管理层的外围视野。康柏专注于 IBM，使得其管理者没能够迅速注意到象戴尔电脑这样的低价复制生产商所引起的巨大威胁。国际威斯敏斯特银行（National Westminister）的执行人员专注于巴克莱银行（Barclays），为前者补充了注定要失败的在全球多样化策略。

一心一意地注视市场份额也会造成一种虚假的安全感。例如，瑞典的制造商斯凯孚（SKF）在二十世纪大部分时间都在全球滚珠轴承行业的市场份额上处于领先位置。然而，其主导地位受到来自日本竞争者的威胁。斯凯孚的管理层以过分大胆的资本支持和市场行销作为回应以赢得市场份额。公司经理过于专注市场份额，使得在盈利上的注意力受到影响，并导致他们接下盈利微薄甚至不盈利的业务。如果从基本原理上重新考虑该公司的策略，将其换成追求可盈利的也许是更好的选择。

许多新加坡的建筑公司同样掉进当务之急是市场份额的陷阱中而陷入困境。列名集团万德厚（Van Der Horst）取得许多发电工作和项目，但却无法从中获取利润。在八十年代早期，一些消防公司，象英国的索恩·埃米电子公司（Thron Emi）以及基地在澳大利亚的沃莫尔德国际公司（Wormald International）在追求错误的市场策略中遇到财政困难。他们持有错误的观点，以为可以通过获得更多低盈利项目推动市场份额占有率。接着，因这两间公司无法履行合约上的义务而被美国泰科实验室（Tyco Laboratory）收购。

变化所引发的困难让小型商家面临更多挑战，因为他们财政资源不足，专业经理集合及号召经验有限。许多人因害怕犯错误或面对不利的财政后果而不敢冒风险或偏离他们过去的实践。因此，这些公司不到万不得已，不愿意勇敢地面对变化。然而，到时通常已经太迟了。不是欣然地以满腔热情去接受变化，而是变化强加于他们身上。这感觉通常不是惬意的，而更多的是有害的，因为已经没有其它选择了。

大多数具有悠久历史的公司在它们的生命里至少有一次表现出对变化的期望和渴求。这契机经常由一次危机和其它来自市场环境中的挑战所引发，如贸易制裁、新竞争对手的出现、消费者需求和科技的改变，等等。这些成功而长寿的公司似乎具有一种离奇的能力可以预见变化、确认危机并从中获益。

原则 90

一个健康的文化是一间健康机构的免疫系统。

长期使用手术、抗生素和疫苗接种与疾病作斗争其实可能削弱了免疫系统。随着对疫苗接种和抗生素抗药性机制的日益关注，促进发展免疫系统正成为最佳解决方案。

在另一方面，通过补充自然食物和营养，如水果和蔬菜以及适当锻炼的确有助于强化免疫系统并恢复健康。对企业而言，它的免疫系统就是企业文化。这是公司天然的治疗系统。企业世界中相当于手术和药物管理的是规模缩小化和改组。这些手段不但不自然，而且还会产生诸如降低士气等副作用。因此，它们不能维持公司的长期健康。只有一个强健的企业文化才能确保它们的长期健康。

彼得·圣吉（Peter Senge）在 1997 年给阿里·德赫斯（Arie de Geus）的著作《长寿公司》（The Living Company）撰写前言时如此评论道："大多数外表上成功的大型企业其实已经病得很严重了。"这显示我们都还在学习如何创建一间健康的公司。企业文化对公司的健康状况具有莫大的影响力。

企业文化是经过长时间的发展而得到的关于一个人群集合的行为模式和群体规范。这些群体规范不仅仅作为重复性的群体行为模式受到喜爱，而且还包含了机构内的每一个人下意识去加强的举动。企业文化是关于一群人之中固有的共同价值，包括了什么是重要的，什么是好的，以及什么是正确的。这些价值通常和群体规范相一致。企业文化可认为是公司的基因，当机构内的人们不断碰到类似或新局势时，为他们指引方向。在这个竞争异常激烈的时代，公司需要迅速重新构造其企业头脑以产生新的神经细胞来有效处理市场中的快速变化。强健的企业文化作为公司的免疫系统，先发制人地消灭试图攻击企业身体的病毒。

机能紊乱的企业文化甚至可以严重损害一间强大的公司。这种情况发生在施乐公司（Xerox）身上。该公司在六十年代和七十年代曾非常成功。其办公室复印机是美国商业历史上利润最高产品。然而，它却变得傲慢和心胸狭窄起来。它统一制订决策，对新的尝试百般阻挠，并对首创精神表现出不容忍的态度。市场前景在七十年代和八十年代发生了显著的变化，由日本制造业者引发了复印机行业的大变革。在短短六年内，施乐公司的市场份额从 82% 迅速萎缩至 40%。在帕洛阿图研究中心（Palo Alto Research Centre）第一个开发出个人电脑之后，公司却没有很好地利用这一出色的发明。而其他的公司如苹果电脑则能够把他们最好的想法转化为资本。

根据一种想法，除去表现最差的 10% 到 20% 的雇员会自动让剩下的变得更健康。这是飞鹅谬论。有 100 只鹅逆风飞行。剔除其中 20 只并不能使剩下的 80 只飞得更快。问题的关键是主风的形势而非鹅的努力和能力。即使有才华的个人也不能在一个技能紊乱的企业文化底下贡献全部的潜能。这样的企业文化只会抑制首创精神，限制成就的实现。并不是有多少改进技巧和能力的培训就可以克服这种障碍的。就像 100 只鹅都会在顺风的帮助下飞得更快一样，每个人也都会在拥有健康文化的机构内发挥最佳的表现。机构内的设置和氛围对个人与集体表现有至关重要的影响。健康的文化会促进健康机构的培养。在一个不卫生的环境中，很难保持象病房那样干净。换句话说，当鹅顺着风向飞行时，就能飞得更好。

如果你适当地拥有一个健康的企业文化，它会在不景气时期象疫苗或火箭发射一样，在企业免疫系统内引发积极的连锁反应而公司里的人也有效地团结一致，共同与病毒威胁作斗争。

原则 91

每个人都想去天堂，没人想死亡。每个人都想成功，没人想失败。

现今的商场竞争非常激烈，充满了挑战。但失败是通向成功路上不可避免的一步。企业成功的关键是比竞争对手更快学会失败，并且不再犯相同的错误。失败不是最糟糕的事，最糟糕的是不去尝试。

著名的发明家汤玛斯·爱迪生是一个"失败乃成功之母"典型的例子。他进行了数千次的试验之后才最终发现合适的材料作为电灯泡里的灯丝。他曾被一名大学教授奚落："汤玛斯，别傻了。光亮不是来自电线，而是来自于火。"在当时，火是提供照明的标准手段。尽管如此，爱迪生坚持不懈地进行他的试验。不久以后，他终于找到了用于灯丝的合适材料。在生活中的许多失败是由于人们放弃时，还不知道他们离成功有多么接近。

当爱迪生接受一名记者采访时，被问道："先生，您是任何不顾上千次的失败而坚持下来的呢？"爱迪生的回答是，那不是几千次的失败，而是得到正确答案之前的几千个步骤。爱迪生教会我们，天才是百分之一的灵感加上百分之九十九的汗水得来的。他后来成为今天的美国通用电器的创始人。亨利·福特在尝试让机动车辆自动化的过程中曾破产好几次。沃尔特·迪斯尼在尽力做他的第一次生意时破产。但当他去世时，他已经是全美最富有的人之一。可悲的是，许多当今公司里的文化根本不允许失败，更别提接受甚至容忍它了。

可口可乐前任执行总裁罗伯托·戈伊祖塔在 1995 年曾说过："当我们不能容忍错误时，我们就变得缺乏竞争力了。一旦避免失败成为你的动机，你就开始裹足不前。只有在前进时，你才可能被绊倒。"罗伯托·戈伊祖塔为把可口可乐转型为软饮料巨头立下了汗马功劳。

而许多当今成功企业的创始人都曾经历过无数次的失败。比尔·盖茨坦然承认他所犯下的错误。他说："相信我，我们了解很多关于微软的失败。微软的第一个电子数据表就遭到彻底失败。第一个数据库也一样。'第二代操作系统'（OS/2）落得同样下场。而其它的失败包括了办公用计算机产品和电视型互联网展览。"但是盖茨宣称从失败中所学到的教训在后来的岁月里补偿了他，使他多次成为产品的优胜者。

亨利·福特（1863－1947）在以 T 型汽车成功之前经历了五次破产。作为福特汽车公司的创办人，他曾说："一个害怕失败的人限制了自己的价值。"新加坡杰出企业家沈望傅的声霸卡（Sound Blaster）的生意理念在新加坡失败了，但随后在美国却取得了成功。前计算机国王，IBM 的托马斯·沃森（Thomas Watson）评论道："成功就在失败的另一侧。"立基于台湾的宏基（Acer）执行总裁施振荣博士说，如果一名经理因冒了一个聪明的危险而犯下一个昂贵的错误，那么他已经作好了准备把损失当作这名经理的学费一笔勾销。这些经过了深思熟虑仍然存在的错误意味着人们在对新的想法进行着不断的试验和尝试。

这就是为什么有这样一句名言："失败乃成功之母。"

自负

原则 92

自大是使商业感觉麻木的麻醉药。

圣经说："骄傲在败坏以先，狂心在跌到之前。"（箴言 16：18）骄傲使人满足于现状，使管理层缺乏去改变的动力。它也会赋予他们一种错误的优越感，让他们以为自己已经到达了目的地，找到了竞争和胜利的有效方法。所以，已经没有必要再去作更好的选择，甚至在环境发生变化时，他们仍然保持傲慢。对大多数患病公司而言，他们的疾病不在于技术能力，而是傲慢自大。

1998 年一月 12 日，耀眼的埃克·菲弗尔（Eckhard Pfeiffer）作为康柏公司的执行总裁使《福布斯》（Forbes）杂志的封面大为增色。那一年，康柏被《福布斯》的编辑们评选为年度最佳公司。但在一年零四个月后，他在康柏董事会的要求下被迫辞职。

这个康柏的案子并不是一个单独的例子。自 1996 年起，七间被《福布斯》荣誉评选出来的公司当中，有四间的运作业绩低于相关行业股票指数至少 10％以上，有三间的执行总裁还没到退休年龄就遭到替换，而另外三间不是被收购就是被合并。

如果公司不够谨慎，其成功反而会导致掉进自负的陷阱中去。一旦某间公司被畅销杂志或文献称赞为杰出企业或楷模，就开始退化了。在亚洲奇迹时代，长时间的繁荣伴随着低通货膨胀率，欺骗和麻痹了企业和消费者，给他们一个安全而愉快的虚假感觉。由于贷款很容易获得，为迎合如投资及高涨的资产和股价等商业活动的疯狂需要，商行和消费者很快就债台高筑。当亚洲货币于 1997－1998 年相继崩溃时，这些企业和消费者立即陷入快速膨胀的债务中而不能自拔。

许多大公司让胜利冲昏了头脑。他们幻想自己是所向无敌的，仍然是第一。而实际上他们已经失去了那个位置。这些成功公司自以为无所不知而开始得意忘形，以为自己对任何事情都知道正确的答案。基本上，事情总会是这样的，因为不是每件事都有答案，也就没人能知道所有的事情。如果你和现代艺术打交道，就会认识到一件事可以有许多种答案，而且有些答案既是正确的，但同时又是不正确的。世通的创始人伯尼·埃博斯曾评论道："对我个人有所帮助的事情就是我对在这个行业许多正在进行的事情都不理解。"这就是企业傲慢的象征。美国前总统比尔·克林顿称伯尼·埃博斯是"21 世纪美国的象征"。伯尼后来在财政丑闻中蒙羞。有些人称克莱斯勒（Chrysler）傲慢的转机主席李·艾柯卡（Lee Iaccoca）为"我永远是克莱斯勒的主席"。曾在八十年代成功将克莱斯勒转亏为盈的李·艾柯卡也被指责造成公司的衰败，以致最后在九十年代把公司卖给了德国的戴姆勒公司（Daimler）。

景气时期常常会使我们忘记基本原则。温暖的肉体遮盖并隐藏了里面的骨骼。今天，当激烈的竞争让我们彻底削减成本时，我们必须保持清醒以面对真实世界冰冷的现实。

所以，当情绪高涨时，公司更需要小心谨慎，以免掉入自负的陷阱中去。自负会造成公司在实现企业扩展目标时头脑发热，并削弱公司的独立性。执行总裁出于自负而采取的收购行动，企图通过贴上"协同"和"发展"等充满幻想的标签来证明其正确性。这些可能使企业堕落，以过度举债的方式变得贪得无厌，最后的结果是招致巨大的损失和受伤的自尊。这就是为什么有句谚语说"谦受益，满招损"。在你认为自己很了不起的那一刻，其实就开始迈向灭亡。

原则 93

迅速消灭受感染的家禽来摆脱禽流感。迅速承认错误以避免受到更深的影响。

当禽流感在 2004 年侵袭亚洲家禽农场时，部分当局试图否认及掩盖问题。其后果是灾难性的，因为禽流感迅速传遍了全世界。结果，这些当局的公众形象受损，并引来诸多责难的声音。对执行总裁而言，损害管制的处理同样是至关重要的。他们需要承认错误。这样，形势才能得到迅速改正，从而减少损失。承认自己的错误需要有很多胆量、勇气以及谦虚精神。许多执行总裁倾向于表现得象神一样，不愿意承认自己人性上的不可靠性。但毕竟人性本来就是容易犯错误的。

也有许多生意上的失败是由于其创始人、执行总裁或资深管理人员太骄傲而拒绝接受客户和职员们的忠告、反馈及建议。他们不承认错误，表现得象神一样至高无上，宁可公司垮台也不愿意丢脸。

如果一名执行总裁承认错误、道歉并采取措施改正错误，这就是成熟的表现，显示出他对职员和客户们的尊重。他的职员将会认识到执行总裁也只是一个人，像任何人一样可能会失败和犯错误。人们可以清楚地看到公正，而且错误不会被掩盖在桌子底下，也不会重蹈覆辙。只有错误得到承认的情况下，康复、调和以及纠正的行动才可能得以进行。一名肯承认错误的执行总裁将会博得人们更多的尊重和信任。

犯错误是企业动态的一个正常部分。执行总裁们常常不得不根据有限的信息甚至错误的反馈来作出决定。我们可能会忽略来自竞争的威胁或低估项目的风险。如果你还没有犯过错误，那就意味着你还没有努力尝试过。通过承认你的错误，可以把潜在的危害和不利后果限定在某个范围之内。

人们远比我们所能想象的更为宽容。承认错误也似乎可以使关系更有人情味。然而，如果一而再，再而三地犯同样的错误，而且管理层缺乏相应的能力，那么人们就不会如此宽容了。

戴尔电脑公司的创始人迈克尔·戴尔曾是一名修读经营史的学生，而且他也知道有些成功高科技传奇故事的危险所在——他们因拒绝承认错误而迷失了自己。他引证数字器材公司的肯·奥尔森（Ken Olsen）就陷入自己的策略中不能自拔而遭到市场的遗弃。

与其对手不同的是，戴尔在取消令人失望的新冒险时动作迅速。尽管花了一年的工作和广泛的新闻报道，迈克尔·戴尔在西尔斯商店（Sears）仅仅安装了四台整合型电子商务信息站就停止了这项计划。取而代之的是，其余的信息站都被安置在购物商场之类的公共场所。

他也在雇用了一名来自摩托罗拉的顶级执行人员仅仅六个月后就放弃了进军移动电话市场的计划。他判断前景的明朗度不足以减轻进入市场的昂贵成本。在 2000 年，戴尔一笔勾销了唯一的一次主要收购。那次收购行动是在一年前以 3 亿 4 千万的价格买下了一间数据储存科技公司。戴尔停止了这项高科技生意是因为经决定，这项科技还没有为走向市场作好准备。

这是一种谦虚的态度，而不仅仅是一种商业模式。在其他产业巨无霸中，执行总裁可能对个人批评不屑一顾。但在戴尔公司里却不是这样。迈克尔·戴尔很重视针对他个人的不满意见。在一周之内，迈克尔·戴尔面对他的高层经理们作了一次坦率的自我批评，承认自己很内向，使自己看上去很冷淡，不易接近。几天之后，他开始向他的几千名职员播放这次谈话的录像，承认自己的错误并保证和大家的距离不再那么遥不可及。

错误是不可能避免的。与拙劣的领导者相反，优秀的领导者勇于承认错误，为此道歉并采取行动去纠正。一名卓越的领导者不仅如此，而且还会保证再也不犯同样的错误。

让我们担心如何节省金钱而不是保住脸面吧。

原则 94

转机总裁需要学会忍受耻辱。

在八十年代和九十年代，象杰克·威尔齐、珀西·波尼维克（Percy Bernevik）和李·艾柯卡等执行总裁为企业转亏为盈而在业界成为家喻户晓的名字。杰克·威尔齐创建了现代美国通用电器公司，而珀西·波尼维克创建了瑞士－瑞典工程联合企业 ABB 集团。李·艾柯卡在八十年代将克莱斯勒转亏为盈。他们都是强有力而能说会道的领导者，展示出他们让生意起死回生的能力。

然而，这些执行总裁也是脆弱的凡人，随后从自己的宝座中被拉了下来。威尔齐经历了一场乱七八糟的离婚。新闻媒体揭露了一长列威尔齐从通用电器拿到的退休额外津贴。这些津贴相信是极为过分的。此外，通用电器的会计方式被详细审查。在审查期间，它的股价从 2000 年高峰时的 60 美元滑落了超过一半。波尼维克先生被迫归还了他的一部分退休金，而 ABB 也处于垮台的边缘。

当李·艾柯卡神奇地将克莱斯勒转亏为盈时，曾有过一些疑问，是关于有多少钱用于正当地解决公司运作问题，而又有多少是纳税人的礼物。后来，在一片吹捧声中，艾柯卡先生接管了一间名为"酷酷肉"（Koo-Koo-Roo）的困难重重的小型鸡肉料理连锁店。但他并没有坚持多久，这间公司就倒闭了。而且，克莱斯勒在李·艾柯卡的领导下，于九十年代再一次陷入财政困境中。

其他转机总裁也遭遇过挫折。艾尔·邓拉普（Al Dunlap）戏剧性地完成了一次财政改良，拉了斯考特纸业公司（Scott Paper）一把。部分原因是由于削减成本，而还有部分原因则应归功于商品价格幸运地一次向上摆动。不幸的是，在他的下一个任务中，他毁掉了尚彬公司（Sunbeam）。桑福德·斯基洛甫（Sanford Sigiloff）自称是大反派"冷酷的明"。他自威克斯（Wickes）破纪录的破产之后进行了接管，转移了财产并解雇了某些人。然后，他宣告胜利。威克斯原来主要是一间木材和家居用品公司。自从两名不胜任的执行人员被桑福德解雇，开启了一个新的企业：家居货栈（Home Depot）。

这些名人是靠改变而发迹的。当情况糟糕时，改变是很了不起的。但在较为顺利的时期，改变则是致命的。他们不能承受变化。这就是为什么一名拥有巨型集团的中国企业家曾傲慢地说："我对待转机经理们就像对待小鸡一样。等公司转亏为盈的那一天，我就会象杀一只鸡一样把他们的脑袋统统砍掉。"这名中国企业家的无情使转机经理们发现为他工作很辛苦。然而，他发现许多转机经理在最初将公司转亏为盈之后，由于他们继续采用同样的管理风格和方法而无法让业务进一步成长起来。因此，这名企业家发现在成功将公司转亏为盈后，需要聘用具有相应气质和管理风格的经理来发展生意。这样，他才能避免公司出现官能障碍的症状。

研究也表明大多数转机局势都以失败告终。等到转机经理介入时，通常都太迟了，此时，公司已经病入膏肓。有些情况下，转机经理们没有得到充分的自主权来行动。所以，转机经理要学习的第一堂课就是谦逊。因为，他们应该预见到失败也是可能出现的结果之一。他们必须具有十足的勇气和谦虚去接受失败，并从中吸取经验教训。

思想理念

原则 95

全球市场帝国是心的帝国。

在当代企业世界中，思想状态正变得日益重要。如果你征服了消费者的心，那么就获得了他们忠诚和生意。为了征服消费者的心，你必需赢得感知这个游戏。感知就是现实。

在这个竞争激烈的时代，我们被每一种产品那数不清的品牌所淹没。这些年来商场上的变化体现在每一个行业中产品选择和竞争得到飞速增殖。据估计，在美国有约一百万个库存单位（SKU，是一种标准存货单位）。一个普通超市有约 4 万个库存单位。一个普通家庭可从 150 个库存单位中满足其 80% 到 85% 的需要。人们对许多库存单位都视而不见。从前，本地公司在国内市场上的竞争演变为每个人都争着在国际市场上分一杯羹。这其实是一场思想理念上的战争，目的是把你的品牌放到消费者心目中数一数二的位置上去。对大多数消费者而言，他们不在乎也不可能记住这么多品牌。

征服职员的心也同样重要。所以，重点是建立一个强健的企业文化来培养所有职员在思想理念上团结一致。

圣经说："因为他心怎样思量，他为人就是怎样。"（箴言 23：7）如果你能改变你的想法，你就能改变你的生活。你将到达你认为会到的地方。思想是你生活中的"出租车"，顾名思义就是会带你到你向往的地方。如果你向往卓越的高速公路，你就去思索卓越。如果你想去沮丧的低谷，你就去想着令人沮丧的事情。每件事都从你如何思考开始。在你头脑里的东西将指引你最终的前进方向。一个人成功与否就在于他思考的方式。所以，你的想法决定了你是一个什么样的人，而你是什么样的人反过来又决定了你的想法。人们说他们不能控制自己的思想。这大错特错。改变你的思想是可能的，而要做的第一件事就是改变你自己。

全球化经济对众多公司产生了极大的影响，迫使它们采取全新的思想理念。众公司不得不面对全球性的竞争，甚至包括那些来自遥远的国度。公司必须赶上新的现实，不能继续用过去的管理哲学体系来应付现在的竞争。依赖国内市场的思想理念容易局限住展望国际市场的眼光。接受全球化思想理念对于理解新千禧年中的挑战极具竞争力。

可口可乐就是全球化思想理念的一个例子。在戈伊祖塔接管可口可乐之前，它只占领了全美软饮料市场的 35%。市场已经感觉饱和，而市场占有率的增加则被视为非常昂贵的。在八十年代，戈伊祖塔没有接受这种看法。他告诉资深管理层，全世界 44 亿人平均每人每天消耗 64 盎司的饮料，而可口可乐只占了其中的 2 盎司。可口可乐的敌人不是百事可乐，而是纯净水、咖啡、茶以及其它种类的饮料。戈伊祖塔将市场重新定义，使其范围超出了他手下经理们的想象。他后来带领可口可乐从一个防守型的市场领导者摇身一变，成为了最伟大的市场价值创造者。

新全球化的思想理念要求管理者们不仅仅掌握关键市场的动态，范围包括了从一个国家的背景到其目前的经济局势。他们还必需拥有横跨多元市场的全球性先发制人的思维。

只要你征服了职员和消费者们的心，你就征服了未来的市场。

原则 96

良好的态度是企业成功的营养成份。

俗语常说："天堂和地狱的差别不在高度，而在于态度。"在贯穿整个企业转机过程中，职员们态度上的每次微小的转变都是必不可少的。

态度对于国家的成败与否具有非常重要的影响。为什么象新加坡、日本和瑞士这些土地狭小、自然资源缺乏的国家却取得如此巨大的成功，而包括印尼和东欧一些国家在内拥有辽阔土地和丰富自然资源的国家仍然很贫穷？这甚至不在于历史的长短。一个国家目前的成功与历史是否悠久关系甚微。例如，中国、埃及和印度等国家拥有超过两千年的历史，而它们现在仍然被认为是贫穷的国家。美国、澳洲和新加坡等国家只有不到两百年的历史，却成为世界上人均收入最高的国家之一。成功也和国家人口的智慧无关。越南是世界上拥有最大的受过高等教育人口基础的国家，但却是世界上最穷的国家之一。

其实，一个显著的差别就是态度。成功的国家一般上拥有正确的态度，表现为高度正直诚实、优秀的领导、良好的工作道德、遵纪守法以及自动自发地勤奋工作等等。并不是自然条件对贫穷国家特别严酷，更重要的是培养走向成功的正确态度。

人们对自己公司的态度可以对机构的成败造成极为重大的影响。具有高度工作积极性和以业绩为导向的人能够为公司带来非常有建设性的益处。而另一方面，不良和消极态度的存在必然导致失败。我们可以通过观察职员们怎样对待他们的客户、同事和公司来了解其个人的价值观和态度。

一个人的态度会影响到他的行为和表现。他在与人分享时所流露出来的感情，无论是正面还是负面，都会抵消和影响周围其他人的行为和成绩。当长期存在着消极态度时，生产力就会受到损害。

西南航空的赫伯·凯勒赫将良好的态度排在其它技能之上。如果有这么两个人让他选择，一个更有经验、受过更多教育或更专业，而另一个拥有正确的态度，他会毫不犹豫地选择后者。他不想要态度恶劣的人。他认为态度是很难改变的，而技术则可以在以后再教。

因为自鸣得意、不理睬外部的危险信号和抗拒的风险等等的危险正在步步逼近，培养对改变的积极态度就显得非常关键了。就像俗语所说："没有什么比成功的杀伤力更大的了。"职员们逐渐意识到改变不再是一个暂时的现象，而成为他们机构中一个永恒的部分。于是，他们很可能就不那么抗拒改变了。的确，公司在改变过程中的头一两个挑战是在不可预测的环境下激励人们有效地发挥作用并维持反对抗拒的动向。象巴尼维克指出的那样："作出这种行动（指瑞典的阿西亚公司（ASEA）和瑞士的布朗·勃法瑞公司（BBC）合并）是相当受伤的。这需要很大决心和不屈不挠的毅力。因为反对一件事总比支持一件事要容易。我们都是保守的动物，我们喜欢过去，喜欢成为历史的东西。"

良好的态度是显而易见的，可以轻易从雇员们对待客户和工作人员的方式上看出来。交流中所选用的词汇可以传达态度上成熟的程度。态度决定着公司怎样应付危机。当职员们在情势艰难时采取了良好的态度，艰难会离去而公司也会成功地克服它的困难时期。然而，如果职员们的态度表明公司生意和他们无关，那么公司很可能发现很难解决自己的问题。这是因为职员们只关心自己的利益。

医学界已经确定了癌症患者的态度能在很大程度上影响其生存率。态度可以造成情感上的反应，从而影响我们的免疫、神经和循环系统。这会影响我们遭遇到意外事故和伤害风险时的承受能力。一个强烈而积极的态度将比任何其它转机局面更能为企业创造成功。

原则 97

接受积极的思想理念，增进企业健康。

美国精神治疗师和作家韦恩·狄耳（Wayne Dyer）曾说："你可以使自己受困于疾病的魔爪，也可以选择保持健康。"在医学界，这称作身心医学。一个人的精神健康可以影响到他的身体健康。这就是为什么医生会对某些病患使用安慰剂。安慰剂是一种对生理机能没有影响但却在心理上有助易于病患的药物。催眠是一种由配合对象的暗示而引起受催眠者处于类似昏睡状态的治疗方法，也在医学界得到广泛应用。

医学界已经普遍发现由心理原因引起的疾病当中，一个人的精神态度、思想理念和心智可以对他的生理健康产生惊人的冲击。当你持有消极负面的思想理念时，可能就会长期感到沮丧和绝望，从而导致免疫系统处于一种"自我毁灭"的状态，让病毒能轻易地建立入侵身体的立足点。你会成为想象的那样。因为我们作为人类，主要还是精神成份多于物质成份。

生病公司持有消极负面的思想理念。这也许是对某些事情持有一种不良态度、否定消极论和悲观主义。这些消极的思想理念在你与职员沟通时可以轻易觉察得到。

在一间典型的生病公司内，职员们往往会沉迷于自哀自怜，舔自己的伤口和进行羞辱与责怪的游戏。他们可以把过失归咎于一切能够想得到的事情上：竞争过于激烈，消费者贪得无厌，前任老板没做好工作，等等。一个恰当的形容是："我们所遇到的敌人就是我们自己。"

为与消极的思想理念作斗争，就必需意识到它的存在。要根除它最好的办法是保持忙碌，给职员们的能量里注入某种积极的因素。职员们思想理念上的每一个小变化都能对建设一个健康的企业文化大有帮助。你应该承认、赞扬并庆祝所取得的每一次哪怕微不足道的成功。一旦人们实现了第一个成功，就会激励他们继续争取获得更大的成功。应通过公开表扬、颁发奖状、勋章等方式给予职员们应得的荣誉和奖励。这种鼓励的姿态可以产生巩固企业文化基础的凝聚力。

公司倾向于追求提升职员技巧和知识的计划而没有在改进他们的精神态度上花太多力气。其实，改变人们精神态度的投资更为重要。

也许，我们在错误的地方寻找答案。有时，很可能疾病不是由外部病毒和病原体引起的，而是发自我们自身的想法和感受。对企业而言也是如此。他们最大的敌人可能就是他们十恶不赦的思想理念。

发展

原则 98

没有纪律，公司就会走向灭亡。

纪律是公司恢复最佳健康状况的重要因素之一。在企业世界而言，纪律指的是哪些事情需要及时有效地完成。这关系到通过顽强地处理由企业生命过程中各种各样的挑战所引起的心痛和其它病痛而最终获得成果。这意味着完成工作而不能陷入官僚主义的泥沼。

当然，推动企业纪律的管理者也必需严于律己。他需要以身作则。雇员们也许不介意遵守纪律的工作方式，但他们会从老板的行为中得到暗示。

《从 A 到 A+——向上提升，或向下沉沦》（*Good to Great, Why Some Companies Make the Leap...and Others Don't*，New York: HarperCollins, 2001）的作者吉姆·柯林斯总结道，一间公司的成功并没有什么魔法配方。他发现成功公司是遵守纪律的雇员进行遵守纪律的行动所产生的结果。成功的公司不需要高姿态和超凡魅力的领袖或走在时代尖端的科技，甚至不需要宏伟的策略。

IBM 的卢·葛斯纳和联合讯号的拉里·鲍西迪树立起严守纪律和自我约束的楷模。卢·葛斯纳在 1993 年接掌 IBM 之后，将公司从财政崩溃的边缘拯救出来。当葛斯纳在 2002 年退休时，IBM 以服务为导向成了业界所羡慕的一间公司。葛斯纳成功的关键在于他强行将纪律推向机构内每一个阶层中。葛斯纳为了解客户的需要而频频出差并对自己亲自遵守纪律而感到自豪。他说 IBM 拥有无与伦比的产品、人员和名声，但要圆满完成任务唯一缺少的就是纪律。

拉里·鲍西迪在 1991 年将奄奄一息的联合讯号转亏为盈并在十年后转型为世界上评价最高的公司之一。象卢·葛斯纳一样，拉里·鲍西迪对联合讯号缺乏纪律性无法执行命令而感到震惊。他作为一名通用电器前雇员，已经习惯了处事有度。他小心翼翼地推动生产率、运作和人才管理。他在 1999 年退休时已经领导联合讯号连续 31 个季度每股盈余增长 13％以上。

李·艾柯卡与工会针锋相对地强制推行纪律，然后下了最后通牒，如果职员们不回去工作，他就会关闭工厂而每个人都会失业。这个方法奏效了，而克莱斯勒因此得以在八十年代初转亏为盈。不幸的是，在八十年代中期，李失去了对纪律的注意力，买进一个航空业务，因而给克莱斯勒制造了一场财政灾难。

如果不是因为缺乏对海外子公司有纪律的控制，创建于 1762 年的英格兰最悠久历史的商业银行业务公司巴林银行（Barings Bank）也许至今仍然可以生存。在 1995 年二月，因为游手好闲的新加坡子公司期货交易员尼克·里森（Nick Leeson）在主要衍生证券的新加坡国际货币期货交易所（SIMEX）赌博输掉了 14 亿美元，巴林银行宣告崩溃。并没有财政上限和纪律限制尼克的交易量。尼克·里森，一名年轻的执行人员，在离伦敦总部数千英里之外的地方竟然可以得到允许赌光巴林银行的财富。这其实是巴林银行第二次面临破产。第一次是在 1890 年随着阿根廷革命导致一笔在南美的重大投资化为乌有。幸运的是当时巴林银行在英格兰银行以及其他伦敦银行的保驾下逃出生天。巴林银行应该学会在南美的教训，对海外子公司强行制订更多纪律。可惜它没有这么做。

在市场上去实现心目中认为正确的事情是很容易的，比如尽量增加股东的回报。当必须作出不受欢迎的决策时，特别是有悖于传统市场的至理名言时，纪律就是唯一可以凭借的手段了。公司在为将来投资时经常要果断和有纪律。它需要后退几步放弃短期增长以便获取日后更大的好处。这是不受欢迎的举动，需要通过纪律来实现。

在另一方面，也需要一定的平衡。把纪律当成唯一的当务之急可能无意中在机构内建立官僚主义，扼杀创造力和企业家精神。这是纪律的危险性所在。

因此，适当的平衡是必需的。一个结合了适当的纪律、自主权和企业家精神的文化将能释放出魔力，使公司表现更加卓越。

原则 99

培训与发展产生内啡呔，促进企业健康。

培训与发展就像体育锻炼一样，促使身体分泌内啡呔。这物质是由大脑产生的，功能和吗啡类似。内啡呔给人以健康的感觉，有助于人体应付压力和其它疾病的侵袭。

雇员们需要受到激励以便能有效地完成他们所赋予的任务。培养这样协同合作的行为不仅仅需要正确互信的公司文化，还需要培训与发展。每个人都有尚待开发的潜力。在适当的环境中加以合适的培训与发展，就能激发这些潜力。这就相当于企业释放内啡呔，制造出有益而具保护性的成份。

一些经理的认为培训与发展是很昂贵的，因为受培训的职员始终会辞职。然而，在这个论点中有一个谬误，就是公司实际上不能承受不培训职员所带来的后果。如果你以为培训昂贵，那就试试无知吧。无知肯定更加昂贵。培训与发展不是福利活动。这就是为什么有句话说，你要赚钱，就首先得花钱。

一提到培训与发展，时间就成为另一个借口。人们没时间去参加培训。然而，你可以通过培训与发展赢得更多时间。省时的技术、程序、想法、捷径和技巧能在长期为你节省时间和金钱。

有些经理可能会说只要把权力下放就可释放出雇员们的潜能。然而，只有授权而没有正确的培训是不够的。你也许想授权让医学系的学生来做心脏手术。这能不能成功还在两可之间。但是你愿意拿你的心脏来作赌注吗？

培训可以有助于确认被埋没的人才。它可导致持续稳定的质量，提供更敏锐的注意力，产生更高效率，培养合作精神以及增加生产力。培训与发展所提供的不仅仅是丰富知识和向专业教师学习，它还增加人际关系网的优势并从经验中取得更大收获。当你和其他有共同兴趣的人一起参加专业研讨会或活动时，你就能从分享其他参与者生活经历中获得额外的益处。研讨会的会议记录或是会议领导者可能无法为你提供能适用在工作场所的至理名言。最好的建议却可能来自某个坐在你身边的人。

为使培训计划行之有效，它需要包括实际运用的部分和后继行动的技术来使培训深入到个人内心深处并形成一种习惯。此外，有必要建立一种企业文化能鼓励培训与发展。这将带来有形和无形的收获。

有些公司情愿在机器和设备上投资数以百万计的金钱，但却没有投资他们最重要的资产——人。多年以来，执行总裁们鼓吹他们的职员是最关键的财产。不过，一旦涉及到要用培训与发展来增加这些财产的价值时，就变成了一句空话。现在是让他们实现他们所标榜的东西并认识到对人投资的确能够有所收获的时候了。鼓励培训与发展的公司对未来下了最好的赌注，因为他们把宝押在人身上。

原则 100

信息系统是公司的脊柱和神经系统。

许多资深经理仍然显得很无知，对信息科技的发展毫无兴趣。不幸的是这种态度对公司未来的竞争优势会产生不利的影响，因为电子系统是企业在新时代发挥实质性威力和占据统治地位的平台。

今天的电脑系统很容易受到一系列威胁的攻击，如电脑病毒、自然灾害、甚至恐怖袭击。重要数据的丢失或电脑系统发生故障都会妨害公司整体运作。所以，管理人员必须知晓电脑安全策略和灾难恢复系统。不良建议和无知会阻止管理人员进行公司内硬、软件两方面的投资和升级。

全球信息和企业内部数据的使用权限、安全性以及保密性等等问题都需要经理们全面的计划。无法理解它们将会严重妨碍他们以后作决定的效率。

信息科技就是力量。它把人员管理、交流和市场竞争领上一条新路上去。互联网的到来增强了信息科技的力量。象线上拍卖、线上交易等新行业如雨后春笋般迅速成长。互联网使无名的小公司得以与企业巨头们竞争。这在几年前还是不可能的事情。以前对小公司遥不可及的市场，如今在互联网的帮助下也可以直接进入了。这使得它们能与大型企业和跨国公司竞争。因此才出现并诞生了亚马逊、美国在线（AOL）、思科和戴尔这些公司。而在二十来年之前，他们都还默默无闻。

现在包括银行业、航空业在内的很多行业，如果它们的电脑系统失灵，就会导致垮台。这就是为什么千禧虫（Y2K bug）问题引起了那么大的恐慌。幸运的是，结果只是一场虚惊。

交流的模式和渠道已经发生了重大变化，距离不再是一种障碍。远程办公成为可能，无需再踏进办公室。跨时区的远端工作在持续稳定地增加着。当可以通过电子邮件、语音邮件、视像会议和传真随时随地进行沟通时，工作日已经不再具有任何意义。

信息科技加快了中间人角色的淘汰。消费者们可以很容易与负责人和制造业者直接接触。反之亦然，公司和服务供应商也可以直接找到客户来源。所以，贸易和中介公司发现在新科技时代生存变得越来越困难。

储存在电脑系统里的公司内部信息就像是你业务上的无价之宝。所以在你不用它们时，要一直把它们锁起来。否则，可能就会有人通过不正当的手段把它偷走。

革新

原则 101

不革新就会陷入昏迷。

彼得·杜拉克曾说："商业有两种功能：行销和革新。行销和革新生产出成果，而其它都是成本。"你的竞争对手可以在几乎每一个前沿阵地，特别是价格上与你对抗。尝试行销和革新吧。这是将你与竞争对手区分开来最好的途径。革新管理很可能是面对当今生意和业界最关键也是最普遍深入的任务。

发展革新与为尽量减少风险的运作效率和策略之路这两者间存在着一个基本矛盾。革新可能具有破坏性，往往不被那些提倡控制和优化同时反对出乎意料和不容忍试验和失败的机构所接受。

脚踏车行业曾经历了革新的转变才得以生存。在十九世纪中叶，脚踏车是一项伟大的发明。制造商都是灵活并能作出改变的小型企业。截至 1899 年，仅在美国就有超过 300 家制造商记录在案。6 年后，由于汽车的发明，导致脚踏车制造商锐减至只剩下 12 家。数年后，脚踏车行业开始新的改革。在设计和零配件上的改进使得脚踏车在控制上大为容易，而且使用起来更加舒适。在三十年代，由于世界大战和大萧条时期的影响，脚踏车重新广受大众欢迎。因为它不用燃料，而且比起汽车来，不论是售价还是维持运作上都要便宜得多。可是在世界回到正常轨道之后，脚踏车的销售情况又滑落了下来。直到七十年代石油危机导致燃油价格上升，脚踏车才焕发出新的生命力。然后在八十年代一切恢复正常后，脚踏车的销售额再一次一落千丈。可是，脚踏车的革新者们从未放弃。在九十年代，山地脚踏车逐渐风行起来，成为年轻骑士和运动发烧友的首选。脚踏车再次成为流行时尚。

然而，拥有破坏现有商业模式的一次革新的暴发户几乎每次都能够将当时的市场领袖驱逐出境，就像拥有微处理器的在七十年代叱咤风云的英特尔公司，或者在九十年代掌握废钢再利用方法的钢厂纽柯迪凯特公司。例如，低廉的晶体管淘汰了真空电子管，而曾被嘲笑为玩具的个人电脑则扼杀了微电脑，并在目前威胁着产自升阳电脑公司（Sun Microsystems Inc）的服务器。

与其仅仅把一种新想法或科技应用在制造更高级的捕鼠器上，一个更好的办法是把它转化为一种产品，能彻底改变游戏规则，吸引全新的消费者，从而带动更高速的成长。例如，宝洁公司就没有局限在仅仅提供"新改进型"牙膏的层面上，而是在 2001 年将一种家庭用牙齿洁白产品——美白牙膏 Crest Whitestrips 投放市场，从而开拓了一个拥有一千万使用者的崭新市场并取得了 3 亿美元的销售额。惠普公司推出了极为成功的喷墨打印机，强生公司研制出血管成形仪和便携式血糖仪。

3M 公司希望有 30％的业务来自新领域，而允许旗下人员花 15％的时间做工作以外的事情用以革新。3M 是以发明报事贴这一记事簿专利而成为主要赢家的公司。

不象其他科技公司，苹果电脑的史帝夫・乔布（Steve Job）尽管在科技产业发展缓慢的情况下也没有削减研发工作的开支。苹果电脑发明了数码音乐播放器 iPod。苹果电脑其实早已通过创建线上音乐库 iTunes 而在音乐界获得了成功。史帝夫相信在互联网上音乐界能对盗版音乐采取的有效法律行动非常有限。音乐界基本上只是出售不加保护的 CD，而能够播放这些 CD 的播放器却不具备检测盗版音乐的功能。正确的办法是与世界上的音乐共享服务 Kazaas 竞争并打败它。这就是苹果电脑正努力去实现的目标。

戴尔电脑计划通过把注意力转移到能同时用作电视和电脑屏幕的显示器上来刺激销售。这种多功能显示器是一个刚刚形成的范畴，与现有的电视极为不同。戴尔电脑在美国和日本正出售 17 寸、23 寸、30 寸以及更大型的液晶显屏。

革新不仅仅关于芯片和科技。新行为和态度对市场内的革新也同样有效。比尔・盖茨没有发现用于个人电脑的软件，而迈克尔・戴尔也没有创办个人电脑。但他们二人都很快地看到了其他人以前曾做过但却错过的东西。

因此，不革新便会陷入昏迷，没有进步就会陷入不省人事的濒死状态。

企业健康中的过程和结果摘要

企业世界错综复杂，其中的结果也不会按计划那样发展。许多问题相互纠缠在一起，可能遍及所有五个阶段。然而，在本书中的问题已经分门别类地整理好以便读者理解他们基本的概念和原则。因此，为实现企业健康的五个阶段以及相关问题就总结在下面的表格中：

企业健康五步曲过程和结果摘要

	预备因素	硬因素	软因素
预防	方向 计划	财政 控制	人员 人才管理
诊断	确认 探测 根源	价格 处理 竞争	沟通 领导
治疗	执行 专注 技术	重组 规模合理化 削减成本 退出	官能障碍
康复	时机	行销 客户 定位	道德 活力 灵感 更新
巩固	远见 转型	储备	发展 企业文化 自负 思想理念 革新

治疗阶段强调硬因素，而调养阶段，包括康复和巩固阶段则更着重于软因素。医生们也发现治疗和调养过程是不一样的。这两个过程对于增强企业健康都是必不可少的。另外，要注意的是软因素主要和人力资源有密切的联系。

这就是所有企业健康中的 101 条基本原则。

祝你健康！

参考文献

Advertising Age: Al Ries Your Company Depends on It

Agence France Presse (March 30, 2004), High-tech outsourcing led to 90,000 US jobs in 2003:study

Andrew Gibbons (1996*): The Loyalty Effect: Mentoring, Team Leader Development. Management Development Programmes, Customer Service Development*, United States: Harvard Business School Press

Backman, Michael and Butler, Charlotte (2003): *Big in Asia: 25 Strategies for Business Success*, New York: Palgrave Macmillan.

Baldock, Robert (2000): *The Last Days of the Giants? A Route Map for Big Business Survival*, England: John Wiley & Sons Ltd.

Boulton, Richard E.S; Libert, Barry D and Samek, Steve M. (2000): *Cracking the Value Code: How Successful Businesses Are Creating Wealth in the New Economy*, United States: Harper Business/HarperCollins

CFO Magazine (April 1996), Bureau of Business Research at American International College

Charan, Ram and Tichy, Noel M. (1998): *Every Business Is A Growth Business,* England: John Wiley & Sons Ltd

Davidson, Mike (1995): *The Transformation of Management*, London: Macmillan Press Ltd

Dive, Brian (2002): *The Healthy Organization: A Revolutionary Approach to People and Management,* United States: Kogan Page.

Dive, Brian (2002): The Healthy Organisation, United Kingdom: Kogan Page Ltd.

Dunlap, Albert J. (1996): *Mean Business: How I Save Bad Companies and Make Good Companies Great,* New York: Random House, Inc.

Ehrlich, Henry (1998): *The Wiley Book of Business Quotations,* Canada: John Wiley & Sons, Inc

Ellswort, Richard, R (2002*): Leading With Purpose: The New Corporate Realities,* United States of America: Stanford University Press

Foster, Richard N and Kaplan, Sarah (2001): *Creative Destruction: Why Companies That Are Built To Last Underperform The Market – And How To Successfully Transform Them*, New York: Currency

Gaplin and Henron (1999): The complete Guide to Mergers and Acquisitions

Geus, Arie de (1997): *The Living Company*, United States of America: Longview Publishing Limited

Geus, de Arie and Peter Senge (1997): *The Living Company*, United States: Harvard Business School Press

Gerstner, Louis V (2002), *Who says Elephants Can't Dance? Inside IBM's Historic Turnaround*, United States, HarperBusiness

Gibson, Rowan (1997): *Rethinking the Future: Rethinking Business, Principles, Competition, Control & Complexity, Leadership, Markets and the World.* United States: Nicholas Brealey Publishing Limited

Haigh, Gideon (2003) *Bad Company: The Strange Cult of the CEO*, Australia, Aurum Press

Hamel, Gary (2000*), Leading The Revolution*, United States, Harvard Business School Press

Handy, Charles and Bennis, G, Warren (1990): *The Age of the Unreason*, United States, Harvard Business School Press

Hartman, Amir (2004*): Ruthless Execution: What Business Leaders Do When Their Companies Hit The Wall*, United States of America: Prentice Hall

Harvey-Jones, John (1992): *Trouble Shooter*, London: BBC Books.

Herb Greenberg, "Against the Grain: The Buy-'Em-Up Boondoggle," Fortune (July 22, 2002)

Hiebeler, Robert; Kelly, Thomas, B.; Ketteman, Charles (1998): *Best Practices: Building Your Business With Customer-Focused Solutions*, New York: Simon Schuster

Ingebretsen, Mark (2003): *Why Companies Fail: The 10 Big Reasons Businesses Crumble, and How to Keep Yours Strong and Solid*, New York: Crown Business

Jeannet, Jean-Pierre (2000): *Managing With A Global Mindset*, Great Britain: Pearson Education Limited

Jeffrey A Krames (2003): *What the best CEOs Know: 7 Exceptional Leaders and their Lessons for Transforming any Business.* McGraw-Hill Trade

Kennedy, C. (1992): ABB: Model Merger for the New Europe." Long Range Planning 25(5), 14

Kets de Vries, Manfried F.R. and Florent-Treacy, Elizabeth (1999): *The New Global Leaders: Richard Branson, Percy Barnevik and David Simon,* San Francisco, California: Jossey-Bass Inc.

Kramer, Marc (2000): *Small Business Turnaround: Revitalize Your Struggling or Stagnant Enterprise,* United States: Adams Media Corporation.

Krames, Jeffrey A. (2002): *The Jack Welch Lexicon of Leadership,* United States: McGraw-Hill Companies, Inc.

Kouzes, James M. (2003): *Business Leadership: A Jossey-Bass Reader,* San Francisco, California: John Wiley and Sons, Inc.

Kunde, Jesper (2000): *Corporate Religion,* Great Britain: Pearson Education Limited

Morgan, Gareth (1998*): Images of Organisation: Executive Edition,* San Franscisco: Berrett-Koehler Publishers, Inc

Obeng, Eddie (1998): *New Rules for the New World: Cautionary Tales for the New World Manager,* United Kingdom: Capstone Publishing Limited.

Pascale, Richard T.;Millemann, Mark and Gioja, Linda (2000), *Surfing the Edge of Chaos: The Laws of Nature and the New Laws of Business,* New York: Crown Business, Member of the Crown Publishing Group.

Reichheld, Frederick F (1996): *The Loyalty Effect: The Hidden Force Behind Growth, Profits, and Lasting Value,* United States of America: Harvard Business School Press.

Rich Karlgaard, Purpose Driven, Forbes Magazine Feb 9, 2004. 50 Tech is back www.forbes.com/karlgaard

Ries, Al (1996): Focus: *The Future of Your Company Depends on It,* New York: HarperCollins Publisher, Inc

Ross, Elisabeth Kubler (1997): On Death and Dying: What the Dying Have to Teach Doctors, Nurses, Clergy and Their Own Families. Scribner

Scott, C. Mark (2000), *Reinspiring the Corporation: The Seven Seminal Paths to Corporate Greatness,* England: John Wiley & Sons, Ltd.

Scott, Kelvin and Grand, Greg, AMR Research, (December 12, 2000): Failed Dot-Com Fell Victim to Their Own Lack of Focus, Outlook

Sherman, Andrew J. (2001): *Fast-track Business Growth: Smart Strategies to Grow Without Getting Derailed*, Washington, DC: The Kiplinger Washington Editors, Inc

Sobel, Andrew (2003): *Making Rain: The Secrets of Building Lifelong Client Loyalty*, Canada: John Wiley & Sons, Inc.

Stevenson, H. Howard (1998): Do Lunch or Be Lunch: The Power of Predictability in Creating Your Future, United States of America, Harvard Business School, Press

Stevenson, Howard H (1998*): Do Lunch Or Be Lunch*, United States of America: Harvard Business School Press

Street Wise by Michael Arndt (January 7, 2004), BusinessWeek online

Sutton, Gary (2002): *The Six-Month Fix: Adventures in Rescuing Failing Companies*, New York: John Wiley & Sons, Inc.

Sull, N. Donald (2003), *Revival of the Fittest: Why Good Companies Go Bad and How Great Managers Remake Them*, Massachusetts, United States: Harvard Business School Publishing.

Sull, Donald (2003*): Revival Of The Fittest: Why Good Companies Go Bad and How Great Managers Remake Them,* United States of America: Harvard Business School Press

Tan, Victor S.L.(2002): *Changing Your Corporate Culture: The Key to Surviving Tough Times*, Singapore: Times Books International.

Teng, Michael (2002): *Corporate Turnaround: Nursing a Sick Company back to Health,* Singapore: Prentice Hall

The Economist (January 1999): "After the Deal".

The Great Internet Money Game: How America's Top Financial Firms Reaped Billions from the Net Boom, While Investors Got Burned," by Peter Elstrom, Business Week (April 16, 2001): EB16

Trout, Jack (2000): *Differentiate or Die*, Canada: John Wiley & Sons, Inc

Trout, Jack (2000): *The Power of Simplicity,* United States, McGraw-Hill Education

Unlocking the Real Value of Marketing by PA Consulting with the Marketing Forum and Cranfield School of Management

Wiersema, Fred (2001): *The New Market Leaders: Who's Winning and How in the Battle for Customers,* New York: The Free Press

Woodward, Bob (2003*), Bush at War,* United States: Simon & Schuster

Zoltners, Andris; Sinha, Prabhakant; Murphy, Stuart (1997): *The Fat Firm: The Transformation Of A Firm From Fat To Fit,* United States of America: McGraw-Hill

www.ingramcontent.com/pod-product-compliance
Lightning Source LLC
Chambersburg PA
CBHW060559210326
41519CB00014B/3513